DROITS DE L'HOMME
Réinventer le consensus

Coly SECK

DROITS DE L'HOMME
Réinventer le consensus

Préface de Cheikh Niang
Postface de Alioune Tine

L'Harmattan Sénégal

Du même auteur

La voix du Sénégal à Genève, L'Harmattan Sénégal, 2023

10 VDN, Sicap Amitié 3, Lotissement Cité Police, DAKAR

http://www.harmattansenegal.com
senharmattan@gmail.com
senlibrairie@gmail.com

ISBN : 978-2-336-63135-6
EAN : 9782336631356

L'universalité des droits de l'homme n'est pas
un acquis, mais un projet commun à réinventer
sans cesse, au croisement du droit, de la diplomatie
et de la conscience humaine

PRÉFACE

À l'heure où l'ordre international connaît des recompositions géopolitiques d'une ampleur inédite, une érosion progressive des mécanismes traditionnels de régulation et une remise en question croissante des fondements mêmes du multilatéralisme, la question des droits de l'homme s'impose plus que jamais comme un domaine où se cristallisent les aspirations, les contradictions et les tensions de notre temps.

En effet, à la fois horizon normatif à vocation universelle et champ privilégié de confrontation diplomatique, ces droits traduisent une forte aspiration de la communauté internationale qui vise à reconnaître, protéger et promouvoir la dignité inhérente à toute personne humaine, en transcendant les particularismes politiques, culturels ou religieux. Toutefois, ce dessein, dans sa portée universelle, ne saurait occulter la complexité des réalités qui en conditionnent la mise en œuvre effective.

De surcroît, cette thématique met en évidence, avec une particulière netteté, les lignes de fracture qui traversent l'ordre international contemporain. C'est ainsi que se font jour des tensions récurrentes entre universalité des normes et relativismes culturels, entre souveraineté étatique et exigences de gouvernance globale, entre impératifs sécuritaires et préservation des libertés fondamentales, ainsi qu'entre aspirations au développement et effectivité des droits humains. Comme le soulignait avec justesse Paul Ricœur, « l'universel n'est pas le contraire des différences, il est leur mise en dialogue ». C'est précisément dans cet espace exigeant de confrontation raisonnée, de dialogue franc et de recherche d'équilibres que s'inscrit l'ouvrage de l'Ambassadeur Coly Seck.

À travers une réflexion d'une rare densité intellectuelle, nourrie à la fois par une expérience diplomatique de premier plan et une connaissance fine des mécanismes du système onusien, l'auteur propose une analyse particulièrement pénétrante du traitement multilatéral des droits de l'homme, tel qu'il apparaît dans les enceintes multilatérales contemporaines ainsi que dans les dynamiques opérationnelles qui en gouvernent la mise en œuvre. Délibérément éloigné des approches purement théoriques, il restitue avec rigueur et discernement les dynamiques concrètes qui structurent aujourd'hui les négociations internationales, à savoir la recherche exigeante du consensus, les logiques de polarisation géopolitique, les coalitions fluctuantes, les stratégies d'influence, ainsi que les compromis souvent complexes qui président à la production normative internationale.

L'une des contributions majeures de cet ouvrage réside, en outre, dans la mise en perspective des deux principaux pôles du système onusien des droits de l'homme, à savoir Genève, siège du Conseil des droits de l'homme, et New York, cadre institutionnel de la Troisième Commission de l'Assemblée générale des Nations Unies. En articulant de manière rigoureuse ces deux espaces à des logiques distinctes et interdépendantes, l'auteur parvient à éclairer, de façon saisissante, les convergences fonctionnelles, les complémentarités institutionnelles, mais également les tensions structurelles qui traversent le système international de protection des droits humains.

Cette démarche permet, par conséquent, de mieux saisir la nature profondément fragile des équilibres sur lesquels repose le multilatéralisme contemporain, constamment exposé aux inflexions du contexte international et aux rapports de force entre États. À cet égard, l'Ambassadeur Coly Seck démontre avec lucidité que les droits de l'homme, loin d'être extérieurs aux réalités géopolitiques, constituent au contraire l'un des terrains les plus sensibles de la diplomatie multilatérale, où s'entrelacent étroitement normes juridiques, intérêts stratégiques et visions concurrentes de l'ordre mondial.

Par ailleurs, l'ouvrage met en exergue une tension structurelle fondamentale du système multilatéral, opposant, sans jamais totalement les dissocier, la logique du consensus et celle du vote. Tandis que le consensus s'inscrit dans une dynamique de légitimation collective et de préservation de la cohésion internationale, il implique néanmoins des compromis parfois substantiels et une culture exigeante du dialogue. À l'inverse, le recours au vote apparaît comme le mécanisme ultime de décision en cas de divergences irréductibles, non sans risquer toutefois d'accentuer les lignes de fracture diplomatiques entre États membres.

Dans cette perspective, l'ouvrage s'inscrit pleinement dans la tradition diplomatique du Sénégal, historiquement fondée sur la primauté du dialogue, la recherche de l'équilibre, la culture du compromis et la valorisation de la concertation multilatérale. En effet, depuis son accession à la souveraineté internationale, le pays n'a eu de cesse de promouvoir une conception humaniste des relations internationales, attachée à la prééminence du droit international, au règlement pacifique des différends et à la consolidation d'un multilatéralisme inclusif, équitable et respectueux de la dignité humaine.

À travers treize chapitres d'une grande densité thématique et d'une remarquable rigueur d'analyse, l'auteur explore avec profondeur les principaux points qui dominent aujourd'hui l'agenda des débats internationaux sur les droits de l'homme, notamment le droit au développement, la lutte contre les discriminations raciales, la liberté de religion ou de conviction, les dynamiques migratoires contemporaines, l'égalité de genre, les droits numériques, ainsi que la responsabilité des entreprises dans un contexte de mondialisation accélérée. Chacun de ces thèmes met en évidence, de manière particulièrement éclairante, les tensions persistantes entre conceptions divergentes de la dignité humaine, du rôle de l'État et des responsabilités de la communauté internationale.

Dans un contexte où le système international des droits de l'homme traverse une phase charnière de son évolution, marquée par la montée des replis identitaires, la fragmentation des espaces de coopération, la politisation accrue des enjeux normatifs et l'érosion progressive de la confiance multilatérale, cet ouvrage rappelle avec force une exigence fondamentale : le consensus international ne saurait être ni décrété ni imposé. Il procède, au contraire, d'un processus exigeant, mais lent et cumulatif, fondé sur le dialogue, la responsabilité partagée et la reconnaissance mutuelle des intérêts et des sensibilités.

Dans cette optique, l'auteur invite à un retour salutaire aux fondements politiques et éthiques du multilatéralisme des droits de l'homme, en réaffirmant la nécessité de replacer la dignité humaine au centre de l'action internationale, de réhabiliter le dialogue comme instrument privilégié de régulation des différends et de consolider l'universalité des droits fondamentaux au-delà de tous les clivages.

Face à un environnement international de plus en plus polarisé, le Sénégal, fidèle à sa tradition diplomatique et à ses valeurs républicaines, entend ainsi poursuivre résolument son engagement en faveur du dialogue, de la responsabilité et de la mesure au service de la paix, de la sécurité collective et de la promotion des droits humains. Les orientations définies par Son Excellence Monsieur Bassirou Diomaye Diakhar Faye rappellent, à juste titre, que l'enjeu central du multilatéralisme contemporain demeure profondément politique et moral. Le défi est de transformer la coopération internationale en un véritable instrument de solidarité, de justice et de progrès partagé.

Enfin, l'auteur souligne avec clarté que les droits humains ne sauraient être l'appropriation d'une aire civilisationnelle particulière, dans la mesure où ils constituent le patrimoine moral commun de l'humanité tout entière. Leur universalité ne réside pas dans l'effacement des différences, mais bien dans la reconnaissance effective d'une égale dignité entre les peuples et les nations.

En définitive, cet ouvrage se distingue par sa rigueur intellectuelle et sa portée diplomatique avérée. Par la richesse de sa réflexion et la pertinence de ses analyses, il s'impose comme une contribution majeure à la compréhension des mutations contemporaines du système international des droits de l'homme.

Puisse-t-il, dès lors, inspirer durablement les générations actuelles et futures de diplomates, de chercheurs, de juristes et de décideurs publics, et nourrir une réflexion renouvelée sur l'édification d'un multilatéralisme des droits de l'homme résolument humaniste, inclusif, équilibré et porteur d'espérance collective.

Cheikh Niang
Ministre de l'Intégration africaine, des Affaires étrangères et des Sénégalais de l'Extérieur de la République du Sénégal

AVANT-PROPOS

L'expérience du multilatéralisme montre que la promotion et la protection des droits de l'homme ne se résument pas à la proclamation de principes universels[1] : elles traduisent aussi des visions du monde, des contextes culturels,[2] et parfois des rapports de force qui reflètent les transformations profondes de l'ordre international.[3]

Entre Genève et New York, où les débats relatifs aux droits de l'homme s'inscrivent dans des cadres institutionnels et des dynamiques souvent distincts mais étroitement liés, la réflexion multilatérale oscille entre l'élaboration normative, les considérations politiques et diplomatiques, et la prise en compte des réalités souveraines.

Fort de cette double expérience, forgée dans les enceintes onusiennes, je prolonge dans le présent ouvrage la réflexion amorcée dans mon premier livre, « La Voix du Sénégal à Genève »[4], rédigé à l'issue d'un séjour de huit années à Genève et de mon mandat à la présidence du Conseil des droits de l'homme en 2019.

---

[1] Assemblée générale des Nations Unies, Déclaration univer-selle des droits de l'homme, résolution 217 A (III), 10 décembre 1948.
[2] Jack Donnelly, Universal Human Rights in Theory and Practice, 3rd ed., Ithaca (NY), Cornell University Press, 2013.
[3] Nations Unies, Our Common Agenda, Rapport du Secrétaire général, A/75/982, 5 août 2021.
[4] Coly Seck, La Voix du Sénégal à Genève, Dakar, L'Harmattan Sénégal, 26 juin 2023.

Cet ouvrage avait offert une vision d'ensemble de l'action multilatérale du Sénégal, à travers les grands chantiers de la gouvernance mondiale : désarmement, commerce, migration, santé, climat, travail décent et droits de l'homme.[5] Celui-ci, écrit depuis New York, approfondit la réflexion en analysant, de manière comparée et thématique, les fractures et convergences du multilatéralisme des droits de l'homme.

Cette réflexion met en lumière les dynamiques de consensus et de polarisation qui traversent les deux grands pôles onusiens des droits de l'homme :

Genève, siège du Conseil des droits de l'homme (CDH), et New York, où la Troisième Commission de l'Assemblée générale conduit les débats. Elle souligne la contribution du Sénégal et, plus largement, du Sud global, à la construction d'un multilatéralisme équitable, inclusif et fondé sur le respect du droit international.

Au-delà de l'analyse institutionnelle et des débats normatifs, cet ouvrage invite ainsi à une réflexion plus large sur la capacité du multilatéralisme des droits de l'homme à demeurer un vecteur de sens, de justice et d'espérance dans un monde traversé par les crises et les incertitudes.

---

[5] Le Chapitre 3 de cet ouvrage, intitulé « Persévérer dans la promotion et la protection des droits de l'homme », posait déjà les bases de la réflexion sur la centralité du Sénégal dans le système international des droits de l'homme, son attachement constant à la dignité humaine, et son rôle dans la construction du consensus au sein du Conseil des droits de l'homme.

Dans ce contexte, la question du mode de décision (consensus ou vote majoritaire), apparaît comme un révélateur des tensions et des équilibres propres au multilatéralisme contemporain. Le consensus constitue historiquement la méthode privilégiée dans de nombreux processus diplomatiques. Il repose sur la recherche d'un accord suffisamment large pour éviter une division ouverte entre les États, préserver l'unité politique des organes concernés et favoriser l'appropriation collective des décisions adoptées. Dans le domaine des droits de l'homme en particulier, il est souvent perçu comme un gage de légitimité normative et de stabilité institutionnelle.

Toutefois, le consensus ne saurait être confondu avec l'unanimité. Il implique fréquemment des compromis substantiels et peut conduire à l'atténuation de certaines formulations afin de permettre l'adhésion du plus grand nombre. Dans certains cas, sa recherche systématique peut également ralentir la prise de décision et en limiter la portée.

À l'inverse, le vote majoritaire, prévu par la plupart des règles de procédure des organisations internationales, permet de trancher lorsque les positions demeurent irréconciliables. Il offre ainsi un moyen d'éviter le blocage institutionnel et de permettre à une majorité d'États d'exprimer une orientation normative claire. Toutefois, lorsque le recours au vote devient trop fréquent ou trop polarisé, il peut accentuer les fractures politiques et fragiliser la perception d'universalité des normes adoptées.

Le multilatéralisme des droits de l'homme se construit ainsi dans cet équilibre délicat entre la recherche du consensus, qui fonde la légitimité collective, et le recours au vote, qui garantit la capacité de décision lorsque le consensus devient hors de portée[6].

[6] Voir notamment Michel Schooyans, « La face cachée de l'ONU », Le Sarment, Paris, 2000, chap. II (« Consensus et majorité »), qui propose une réflexion critique sur l'évolution du concept de consensus dans les enceintes multilatérales, en le distinguant d'un accord fondé sur une adhésion substantielle, et en interrogeant, en parallèle, les limites du principe majoritaire en matière de légitimité normative.

INTRODUCTION

Depuis sa création en mars 2006, le Conseil des droits de l'homme s'efforce de préserver le consensus multilatéral autour des droits de l'homme, en le réinventant au besoin.

Il a succédé à la Commission des droits de l'homme, avec l'ambition de renforcer la crédibilité du système onusien et de surmonter les blocages idéologiques qui avaient miné son prédécesseur.

Mais derrière ce rôle central se cache une réalité incontournable : les divergences persistantes entre États membres.

Ces fractures ne sont pas conjoncturelles ; elles traduisent des visions contrastées de la dignité humaine, façonnées par des différences politiques, idéologiques, économiques, religieuses et culturelles. Dans le huis clos feutré des négociations onusiennes, elles se traduisent souvent par des votes récurrents, des coalitions de circonstance, et une fragmentation croissante des approches thématiques.

Les débats du Conseil montrent à quel point la recherche du consensus est semée d'obstacles. Certaines divergences sont anciennes et récurrentes, liées à des « questions traditionnelles[7] » comme celles-ci :

[7] Voir : Nations Unies, Conférence mondiale sur les droits de l'homme, Déclaration et Programme d'action de Vienne,

– le droit au développement et la tension entre souveraineté et solidarité ;

– la lutte contre le racisme et les discriminations, complexifiée par la question de la mémoire coloniale et les revendications de réparations ;

– la protection des minorités religieuses face à la liberté d'expression ;

– la peine de mort, qui cristallise les clivages entre universalité du droit à la vie et souveraineté pénale.

D'autres fractures plus récentes[8], sont liées aux évolutions technologiques et aux questions sociales et culturelles telles que :

A/CONF.157/23, 12 juillet 1993 ; Assemblée générale, Réso-lution 41/128, « Déclaration sur le droit au développement », 4 décembre 1986 ; Conseil des droits de l'homme, Rapport du Groupe de travail intergouvernemental sur le droit au développement, A/HRC/57/38, 2024 ; Nations Unies, Décla-ration et Programme d'action de Durban, A/CONF.189/12, 8 septembre 2001 ; Assemblée générale des Nations Unies, Déclaration sur les droits des personnes appartenant à des minorités nationales ou ethniques, religieuses et linguistiques, A/RES/47/135, 18 décembre 1992 ; Assemblée générale des Nations Unies, Moratorium on the use of the death penalty, A/RES/77/222, 15 décembre 2022.

[8] Voir : Conseil des droits de l'homme, Rapport du Haut-Commissaire sur la promotion et la protection des droits de l'homme dans le contexte des technologies numériques, A/HRC/56/61, 2024 ; Rapport du Groupe de travail sur la question de la discrimination à l'égard des femmes et des filles, A/HRC/55/40, 2023 ; Rapport de l'Expert indépendant sur la protection contre la violence et la discrimination fondées sur l'orientation sexuelle et l'identité de genre, A/HRC/56/49, 2024 ; Principes directeurs relatifs aux entre-prises et aux droits de

– la promotion des droits des femmes et l'égalité de genre ;

– la santé et les droits sexuels et reproductifs ;

– les questions liées à l'orientation sexuelle et à l'identité de genre ;

– la protection de la vie privée et des données numériques ; ou encore

– la responsabilité sociale des entreprises dans un contexte d'inégalités croissantes.

Les clivages induits par ces évolutions ne se résument pas à de simples désaccords doctrinaux. Ils traduisent des fractures profondes entre visions dites progressistes et conservatrices, entre universalité des droits et particularismes culturels, entre exigences de souveraineté nationale et aspirations à une gouvernance globale. Ils s'expriment aussi dans le choix des modalités que sont :

– le recours systématique au vote plutôt qu'au consensus ;

– la politisation des résolutions ;

– la répartition thématique contestée entre les points de l'ordre du jour (points 2, 4, 7 ou 10)[9].

---

l'homme : Rapport du Représentant spécial du Secrétaire général sur la question des droits de l'homme et des sociétés transnationales et autres entreprises, A/HRC/17/31, 2011.

[9] Au Conseil des droits de l'homme, les principaux points de l'ordre du jour structurent les types d'action du Conseil : le point 2 concerne les rapports du Haut-Commissariat aux droits de

L'analyse de ces divergences soulève plusieurs questions essentielles. Parmi ces questions il y a celles qui suivent :

– Pourquoi la politisation et la polarisation persistent-elles malgré les réformes entreprises ?

– Les désaccords sur les normes sociétales relèvent-ils de simples malentendus ou de convictions profondément ancrées ?

– Les outils[10] actuels du Conseil, permettent-ils encore de surmonter ces désaccords ou faut-il repenser leur cadre institutionnel[11]?

---

l'homme et du Secrétaire général (fonction de diagnostic) ; les points 4 et 7 portent sur des situations par pays, souvent sensibles et politiquement contestées (fonction de pression politique) ; le point 10 privilégie l'assistance technique et la coopération avec les États, généralement perçu comme moins conflictuel (fonction d'accompagnement). L'ensemble reflète ainsi un équilibre entre analyse, mise sous pression et soutien

[10] Les principaux outils sont : les Dialogues interactifs, l'Examen périodique universel, les Procédures spéciales.

[11] Voir : Assemblée générale des Nations Unies, Résolution 60/251 instituant le Conseil des droits de l'homme, 3 avril 2006 ; Conseil des droits de l'homme, Résolution 5/1 « Paquet de construction institutionnelle »,18 juin 2007 ; Conseil des droits de l'homme, Résolution 16/21 « Examen du fonction-nement du Conseil », 12 avril 2011 ; Assemblée générale des Nations Unies, Résolution 65/281 « Issue de l'examen du Conseil », 20 juillet 2011 ; Haut-Commissariat des Nations Unies aux droits de l'homme (HCDH), Examen périodique universel – Quatrième cycle (2022-2027) : accent sur la mise en œuvre ; Universal Rights Group, Report on the 58th session of the Human Rights Council, Genève, avril 2025.

– Comment reconstruire le consensus sans renoncer à la diversité des visions et des valeurs ?

Au fond, la question du consensus est bien celle qui se pose. En effet, plus qu'un simple exercice institutionnel, la recherche d'un consensus renouvelé sur les droits de l'homme constitue aujourd'hui l'un des défis majeurs du multilatéralisme[12].

La comparaison entre les travaux de Genève (Conseil des droits de l'homme) et ceux de New York (Assemblée générale, Troisième Commission) permet de mieux comprendre la complémentarité, mais aussi parfois la contradiction, entre ces différents espaces du multilatéralisme onusien.

À Genève, la réflexion est largement structurée par une culture juridique et normative, orientée vers la consolidation des instruments internationaux et la jouissance effective des droits.

À New York, en revanche, les débats s'inscrivent davantage dans une dynamique politique et diplomatique, intégrant les réalités géopolitiques et les logiques de regroupements régionaux. Si la frontière entre ces deux pôles du multilatéralisme n'est ni rigide ni hermétique,

[12] Le compromis menant vers le consensus : voilà l'essence du multilatéralisme. Attention ! Le consensus ne veut pas dire que toutes les délégations sont d'accord. Il veut simple-ment dire qu'aucune délégation ne s'oppose à la décision prise. Il veut surtout dire que malgré les imperfections d'un texte et les réticences d'une ou de plusieurs délégations sur son contenu, tout le monde accepte de « vivre avec » pour le bien de tous.

cette pluralité d'approches contribue à la richesse du système international des droits de l'homme, en cherchant à articuler l'ambition universelle des normes avec la complexité et la diversité des contextes internationaux.

Le présent ouvrage propose une lecture structurée de ces dynamiques, à travers treize chapitres thématiques. Chaque chapitre explore une question permanente du débat onusien, dans une approche à la fois historique et politique. De la peine de mort aux droits numériques, du droit au développement aux droits des femmes, il s'agit de comprendre comment se négocie, s'adapte et se fragmente le projet universel des droits de l'homme.

En filigrane, ce récit met en lumière le double constat que voici :

– la résilience de l'idée universelle des droits de l'homme, à laquelle le Sénégal[13] demeure attaché ;

– la multiplication des fractures, entre États, entre régions, et parfois au sein même des blocs historiques.

---

[13] Le Sénégal parle d'autant plus légitimement de droits de l'homme qu'il dispose d'une longue expérience de leadership au sein du système onusien : il a présidé à trois reprises l'ancienne Commission des droits de l'homme : en 1968 avec Ibrahima Boye, en 1978 avec Kéba Mbaye, et en 1988 avec Alioune Sène, et a assuré la présidence du Conseil des droits de l'homme en 2019, sous la conduite de l'Ambas-sadeur Coly Seck.

CHAPITRE 1

Le droit au développement : origines et débats actuels

La réflexion sur le droit au développement s'inscrit au cœur d'un débat structurant du droit international des droits de l'homme : celui de l'articulation et de l'égalité entre les droits civils et politiques[14], d'une part, et les droits économiques, sociaux et culturels[15], d'autre part. Longtemps hiérarchisés, ces deux ensembles de droit constituent pourtant les piliers indissociables d'une même architecture normative, fondée sur l'univer-

---

[14] Les droits civils et politiques sont appelés « droits de la première génération » en raison de leur reconnaissance histo-rique antérieure, liée aux révolutions libérales et à la protection des libertés individuelles face à l'État. Cette classification doctrinale, aujourd'hui relativisée, a longtemps contribué à leur primauté dans l'ordre juridique international.

[15] Les droits économiques, sociaux et culturels sont appelés « droits de la deuxième génération » en raison de leur reconnaissance progressive et de leur association aux objectifs de justice sociale et d'égalité réelle. Cette classification doctrinale, historiquement marquée, ne saurait toutefois fonder une hiérarchisation entre les droits humains. Les « droits dits de la troisième génération », ou droits de solidarité, regroupent des droits collectifs et transnationaux, tels que le droit à la paix ou à un environnement sain, dont la réalisation dépend de la coopération internationale et d'une responsabilité partagée des États.

salité, l'indivisibilité et l'interdépendance des droits humains.

Pour les pays du Sud, cette indivisibilité n'est pas un principe abstrait, mais une exigence politique et historique. Elle traduit la conviction que l'exercice effectif des libertés civiles et politiques demeure illusoire lorsque les droits à l'éducation, à la santé, au travail, à l'alimentation ou à un niveau de vie décent ne sont pas garantis. Le droit au développement s'affirme ainsi comme l'expression collective de cette revendication : celle de reconnaître aux droits dits de la « deuxième génération » une priorité et une effectivité égales à celles traditionnellement accordées aux droits dits de la « première génération ».

Proclamé par l'Assemblée générale des Nations Unies en 1986, le droit au développement s'impose comme l'une des expressions les plus ambitieuses de l'universalité des droits de l'homme.

Il traduit la volonté des peuples du Sud de lier la dignité humaine à la justice économique, d'unir les droits civils et politiques aux droits économiques, sociaux et culturels, et d'enraciner la coopération internationale dans la solidarité et l'équité.[16]

---

[16] Voir : Assemblée générale des Nations Unies, Résolution 41/128, « Déclaration sur le droit au développement », 4 décembre 1986 ; Conseil des droits de l'homme, Rapport du Groupe de travail intergouvernemental sur le droit au développement, A/HRC/57/38, 2024 ; Conseil des droits de

Près de quarante ans après son adoption, ce droit demeure toutefois l'objet d'interprétations divergentes. Entre partisans d'une approche structurelle et défenseurs d'une lecture strictement individuelle, entre Sud revendicatif et Nord réservé, il symbolise le dialogue inachevé d'un ordre international en quête de légitimité et d'équilibre.

Le droit au développement est né dans le sillage des grandes luttes de décolonisation et du mouvement pour un Nouvel ordre économique international (NOEI). Dans les années 1970, les États nouvellement indépendants réclamaient un droit à la souveraineté économique, à l'autodétermination et à une participation équitable aux échanges mondiaux.

Ces aspirations trouvent écho dans la **Déclaration sur le droit au développement** (résolution 41/128 du 4 décembre 1986), qui affirme :

« Le droit au développement est un droit inaliénable de l'homme et des peuples ».

Ce texte fondateur établit que le développement n'est pas un privilège, mais une obligation partagée.

Il impose aux États de créer des conditions internes et internationales favorables à la réalisation de ce droit,

---

l'homme, Rapport du Haut-Commissaire des Nations Unies aux droits de l'homme sur la mise en œuvre du droit au développement, A/HRC/54/28, 2023.

en conjuguant politiques nationales, coopération internationale et partage équitable des bénéfices du progrès.

Le droit au développement est souvent perçu comme une idée récente ou abstraite. Pourtant, il trouve un fondement clair dans l'article 28 de la Déclaration universelle des droits de l'homme[17]. Cet article affirme que « toute personne a droit à un ordre social et international permettant la pleine réalisation des droits et libertés fondamentaux ».

Autrement dit, les droits de l'homme ne peuvent être pleinement exercés sans des conditions économiques, sociales et politiques favorables, tant au niveau national qu'au niveau international.

L'article 28 rappelle ainsi que la responsabilité de garantir les droits ne repose pas uniquement sur les États pris individuellement, mais aussi sur l'organisation du système international dans son ensemble.

Dans cette perspective, le droit au développement apparaît comme une prolongation naturelle de la Déclaration universelle : il vise à créer les conditions concrètes

---

[17] Déclaration universelle des droits de l'homme (DUDH), adoptée par l'Assemblée générale des Nations Unies le 10 décembre 1948 (résolution 217 A (III)). Texte fondateur du système international des droits de l'homme, la DUDH proclame un ensemble de droits civils, politiques, écono-miques, sociaux et culturels reconnus comme universels, inaliénables et interdépendants, servant de référence normative majeure pour les instruments juridiques ultérieurs et la pratique onusienne.

permettant à chacun de jouir effectivement de ses droits, et non seulement de les faire reconnaître en principe.

Depuis sa création en 2006, le Conseil des droits de l'homme (CDH) a fait du droit au développement l'un des axes structurants de son action. Trois mécanismes constituent aujourd'hui les principaux instruments de mise en œuvre dudit droit :

– le Groupe de travail intergouvernemental, établi en 1998 ;

– le poste de Rapporteur spécial sur le droit au développement, créé en 2016 ;

– le Mécanisme d'experts sur le droit au développement (EMRTD), mis en place en 2019.

Ces mécanismes forment un écosystème normatif où se confrontent deux conceptions : l'une, progressiste et universaliste, et l'autre, pragmatique et circonspecte.

À Genève, les résolutions adoptées au CDH sont fréquemment soumises à un vote nominal, signe que le consensus reste fragile. Le vote donne, en moyenne : 30 à 33 voix pour, 10 à 14 contre et 4 à 5 abstentions.

C'est par exemple, le cas du vote de la Résolution 54/18 (octobre 2023). Adoptée par 29 voix pour, 13 contre et 5 abstentions, cette résolution a renouvelé le mandat du Groupe de travail intergouvernemental chargé d'élaborer un instrument contraignant sur le droit au développement.

Un tel résultat illustre la solidarité du Sud global, emmené par le G77 et la République populaire de Chine, face à la réticence persistante des pays du Nord.

Pour les premiers, le droit au développement incarne une exigence historique de justice, alors que pour les seconds, il soulève des interrogations sur sa mise en œuvre et sa portée collective.

À New York, la même polarisation se retrouve à la Troisième Commission de l'Assemblée générale. Les résolutions y obtiennent généralement 120 à 130 voix pour, 45 à 55 contre et 10 à 15 abstentions.

Ainsi, la Résolution A/C.3/79/L.28 (novembre 2024)[18] a été adoptée par 126 voix pour, 51 contre et 10 abstentions. Elle réaffirme la centralité du droit au développement dans le système onusien et le présente comme un droit humain universel et inaliénable, essentiel pour garantir l'égalité des chances entre nations et individus.

---

[18] Présenté par Cuba, ce texte sur le droit au développement recommande à l'Assemblée générale de tenir, en marge du débat général de sa quatre-vingt-unième session en 2026, un débat de haut niveau d'une journée, consacré à la célébration du quarantième anniversaire de la Déclaration sur le droit au développement. Ayant demandé la mise aux voix sur ce projet, les États-Unis ont exprimé leurs réserves, redoutant que ces résolutions ne privilégient le processus de déve-loppement au détriment des droits de l'homme.
Aussi la résolution fut-elle adoptée par vote, révélant une fois encore la profondeur des clivages entre le Nord et le Sud, mais aussi la vitalité du Sud global dans la défense de ce droit fondateur.

Elle rappelle les principaux cadres internationaux (Déclaration de 1986, Déclaration et Programme d'action de Vienne (1993) et Programme de développement durable à l'horizon 2030) qui fondent l'engagement collectif en faveur d'un développement équitable et inclusif.

L'Assemblée générale appelle à renforcer la coopération internationale et à mettre en œuvre des politiques nationales intégrant ce droit, tout en s'attaquant aux obstacles persistants que sont la pauvreté, les inégalités, les crises économiques et sociales, les changements climatiques et les effets de la pandémie de COVID-19.

La Résolution insiste sur la protection des groupes vulnérables (peuples autochtones, femmes et enfants) et sur la nécessité d'assurer un accès équitable aux ressources, aux vaccins et aux opportunités.

La bonne gouvernance, la lutte contre la corruption et la démocratisation de la gouvernance mondiale sont identifiées comme conditions essentielles à la réalisation de ce droit.

Enfin, la Résolution souligne le rôle central des Nations Unies, des États membres, de la société civile et du secteur privé, en appelant à la constitution de partenariats solides et à une coopération Nord-Sud renouvelée pour faire du droit au développement une réalité effective.

À New York, le poids démographique et politique du Sud se traduit par une majorité plus large qu'à Genève, mais l'opposition du Nord reste constante, confirmant que la fracture dépasse le simple cadre institutionnel[19].

Les votes dont il est question traduisent deux approches distinctes du développement, à savoir :

– Une approche solidaire, qui considère le développement comme un moyen de justice et d'équité entre les nations ;

– Une approche prudente, qui craint la création de nouvelles obligations économiques et la remise en cause des droits civils et politiques.

La fracture que voilà n'est pas seulement juridique : elle est philosophique, historique et profondément liée aux rapports de force économiques internationaux.

Le droit au développement est un miroir du multilatéralisme qui constitue un véritable révélateur des lignes de fracture Nord-Sud. À Genève comme à New York, il cristallise les débats sur la justice économique, la solidarité internationale et la souveraineté des États. Loin d'être une simple aspiration, il demeure un projet politique et normatif, dont la poursuite se présente comme une boussole pour un multilatéralisme en quête de légitimité.

[19] Cette différence s'explique notamment par la composition des organes concernés : le Conseil des droits de l'homme, siégeant à Genève, est composé de 47 États membres élus, tandis qu'à New York, les questions relatives aux droits de l'homme sont examinées et votées par l'ensemble des 193 États membres de l'Organisation des Nations Unies.

Son avenir dépendra de la capacité des Nations Unies à dépasser la logique de confrontation pour promouvoir une approche coopérative et inclusive du développement. C'est une telle approche que le Président Bassirou Diomaye Faye, préconise, dans les propos ci-après qu'il a tenus le 24 septembre 2025, lors du Segment de haut niveau de la 80e Assemblée générale :

« Il est temps d'instaurer une gouvernance économique et financière mondiale plus juste et plus inclusive, pour répondre aux véritables besoins du financement du développement durable » Se voulant plus explicite, le Chef de l'État sénégalais a rappelé que « l'aide publique n'est pas la solution » et plaidé pour un cadre fiscal mondial équitable, un accès au crédit soutenable et la mise en œuvre effective du Pacte pour l'avenir et du Compromis de Séville, afin de garantir l'accès universel à la santé, à l'eau, à l'éducation, à l'énergie et au numérique.[20]

Cette position s'inscrit dans la continuité du plaidoyer du Sud pour un droit au développement effectif, fondé

---

[20] Cette vision du Sénégal s'inscrit dans la continuité du droit au développement tel que défini par la Déclaration 41/128 (1986) : elle appelle à une gouvernance mondiale réformée, à la justice fiscale internationale et à un partage équitable des bénéfices de la croissance. Pour le Président Faye, le financement du développement durable doit reposer non sur la dépendance à l'aide publique, mais sur la responsa-bilité collective et la solidarité structurelle entre nations.

sur l'équité fiscale, la soutenabilité de la dette[21] et la mise en œuvre du Pacte pour l'avenir.

Le Chapitre 13 de ce récit prolongera cette réflexion en examinant la manière dont les **inégalités structurelles** et la **responsabilité sociale des entreprises** interpellent aujourd'hui la mise en œuvre effective du droit au développement.[22]

---

[21] La résolution A/HRC/55/L.5 (avril 2024), intitulée « Effets de la dette extérieure et des autres obligations financières internationales des États sur la pleine jouissance de tous les droits de l'homme, en particulier des droits économiques, sociaux et culturels », établit un lien explicite entre le fardeau de la dette extérieure et l'entrave à la pleine jouissance des droits humains, en particulier économiques, sociaux et cul-turels. Elle affirme le droit des États à définir librement leurs politiques de développement et appelle à des méca-nismes renforcés d'allègement et d'annulation de la dette, sans reproduction des logiques d'ajustement structurel. Adoptée par 31 voix pour, 12 contre et 4 abstentions, elle illustre une fracture persistante au sein du Conseil, opposant majoritairement les pays du Sud, favorables à une approche structurelle de la dette, à plusieurs États du Nord, réticents à l'élargissement du mandat du Conseil aux questions économiques et financières.

[22] Voir: UNCTAD, Trade and Development Report 2024: Addressing Structural Inequalities in the Global Economy, Genève, 2024; OCDE, OECD Guidelines for Multinational Enterprises on Responsible Business Conduct, Paris, 2023; UNDP, Human Development Report 2023/24: Breaking the Gridlock, Reimagining Cooperation in a Polarized World, New York, 2024.

CHAPITRE 2

Le racisme et la discrimination raciale : fractures et convergences inachevées

Le racisme demeure l'une des problématiques les plus sensibles et les plus persistantes du système international des droits de l'homme. Bien que son interdiction figure parmi les principes fondateurs de la Charte des Nations Unies et de la Déclaration universelle des droits de l'homme[23], son interprétation, sa portée et ses formes contemporaines font encore l'objet de vifs débats au Conseil des droits de l'homme à Genève comme à la Troisième Commission de l'Assemblée générale à New York.

Les divergences ne portent pas sur le principe, car nul ne conteste la gravité du racisme, mais sur ses définitions, les manifestations, la reconnaissance de ses dimensions historiques et le lien avec les questions mémorielles et de réparation. Ces désaccords traduisent des héritages coloniaux, des traumatismes collectifs et des visions concurrentes de la responsabilité au sein d'un ordre mondial en recomposition.

---

[23] Précisément dans la Convention internationale sur l'élimi-nation de toutes les formes de discrimination raciale 1 adoptée le 21 décembre 1965 par la résolution 2106 (XX) de l'As-semblée Générale des Nations Unies, avec à ce jour 181 ratifications.

La première source de clivage réside dans la définition du racisme. Pour certains États, il s'agit essentiellement de la discrimination fondée sur la couleur de peau ou l'origine ethnique. D'autres plaident pour une conception élargie incluant des formes croisées et systémiques de discrimination, telles que le racisme structurel, l'islamophobie, l'afrophobie, l'antisémitisme, la sinophobie, ou encore les discriminations liées à la caste ou à la descendance.

Dans ce contexte, la lutte contre la xénophobie s'impose progressivement comme un axe structurant du système international des droits de l'homme. En 2025, le Comité pour l'élimination de la discrimination raciale (CERD) et le Comité pour la protection des droits de tous les travailleurs migrants et des membres de leur famille (CMW) ont adopté des recommandations générales conjointes visant à éradiquer la xénophobie à l'égard des migrants et des personnes perçues comme telles[24].

Ces textes illustrent l'évolution du droit international vers une approche plus intégrée des discriminations, reconnaissant l'imbrication croissante entre migration, origine ethnique, statut juridique et perception sociale de l'altérité. La Convention internationale sur l'élimina-

[24] CERD/CMW, Recommandation générale conjointe n° 39 (2025) et Observation générale n° 8 (2025) sur l'éradication de la xénophobie à l'égard des migrants et des personnes perçues comme telles.

tion de toutes les formes de discrimination raciale[25] constitue le socle juridique contraignant de la lutte internationale contre le racisme, en définissant les obligations fondamentales des États en matière de prévention, de protection et de recours. Elle est complétée par la Déclaration et le Programme d'action de Durban[26] qui ont marqué un tournant, en élargissant la compréhension du racisme à ses dimensions historiques, institutionnelles et culturelles, tout en affirmant explicitement le lien entre esclavage, colonialisme et discriminations contemporaines.

Cette articulation entre un instrument juridique et un cadre politique explicatif n'est toutefois pas exempte de tensions : ces divergences conceptuelles influencent directement la portée des instruments internationaux, le

---

[25] La Convention internationale sur l'élimination de toutes les formes de discrimination raciale (CIEDR), adoptée par l'Assemblée générale des Nations Unies le 21 décembre 1965 et entrée en vigueur le 4 janvier 1969, constitue le principal instrument juridiquement contraignant de lutte contre la discrimination raciale. Elle impose aux États parties des obligations de prévention, d'interdiction et de réparation de la discrimination fondée sur la race, la couleur, l'ascendance ou l'origine nationale ou ethnique, et est supervisée par le Comité pour l'élimination de la discrimination raciale.

[26] Adoptés lors de la Conférence mondiale contre le racisme, la discrimination raciale, la xénophobie et l'intolérance qui y est associée (Durban, 2001), la Déclaration et le Programme d'action constituent un cadre politique et programmatique non contraignant. Ils élargissent l'analyse du racisme à ses dimensions historiques, structurelles et institutionnelles, établissent un lien explicite entre esclavage, traite transat-lantique, colonialisme et discriminations contemporaines, et appellent à des mesures de reconnaissance, de justice et de réparation.

niveau d'engagement des États et la hiérarchisation des politiques publiques, expliquant les clivages persistants autour de la mise en œuvre de Durban et des efforts visant à compléter et actualiser la Convention.

L'architecture onusienne de lutte contre le racisme repose en outre sur un ensemble dense et différencié de mécanismes complémentaires[27].

Les organes normatifs et quasi-juridictionnels (Comité pour l'élimination de la discrimination raciale et Comité

---

[27] **1**. Comité pour l'élimination de la discrimination raciale (CERD) ; organe chargé de vérifier si les États respectent leurs obligations juridiques en matière de lutte contre la discrimination raciale. **2**. Comité spécial du Conseil des droits de l'homme chargé d'élaborer des normes complémentaires ; instance visant à renforcer le droit international en comblant les lacunes de la Convention contre la discrimination raciale. **3**. Rapporteur spécial sur les formes contemporaines de racisme ; expert indépendant chargé d'alerter, d'enquêter et de formuler des recommandations sur les formes actuelles du racisme. **4**. Mécanisme international d'experts indépendants chargé de promouvoir la justice et l'égalité raciales dans le contexte du maintien de l'ordre ; mécanisme spécialisé sur le racisme systémique et les violences policières. **5**. Groupe d'éminents experts indépendants sur la mise en œuvre de la Déclaration et du Programme d'action de Durban ; organe d'analyse évaluant les progrès et les lacunes dans l'application du cadre international de Durban. **6**. Groupe de travail d'experts sur les personnes d'ascendance africaine ; mécanisme dédié à la situation et aux droits des personnes d'ascendance africaine. **7**. Groupe de travail intergouverne-mental sur l'application effective de la Déclaration et du Programme d'action de Durban ; espace de négociation entre États sur les politiques antiracistes et les suites de Durban. **8**. Instance permanente des personnes d'ascendance africaine ; plateforme de dialogue et de participation des États, de l'ONU et de la société civile.

spécial chargé d'élaborer des normes complémentaires) visent à combler les lacunes du droit international et à en assurer le suivi, tandis que les procédures spéciales et mécanismes d'experts (Rapporteur spécial, Groupe d'éminents experts, Groupe de travail sur les personnes d'ascendance africaine, Mécanisme d'experts sur le maintien de l'ordre) analysent les manifestations contemporaines du racisme, notamment le racisme systémique, les violences policières et les discriminations structurelles, et formulent des recommandations politiques et opérationnelles.

Cette architecture a été récemment consolidée par le Conseil des droits de l'homme, qui, en mars 2026, a renouvelé sans vote les mandats du Groupe de travail intergouvernemental sur la mise en œuvre de la Déclaration et du Programme d'action de Durban ainsi que celui du Rapporteur spécial sur les formes contemporaines de racisme.

Parallèlement, les instances intergouvernementales et consultatives issues du processus de Durban (Groupe de travail intergouvernemental et Instance permanente des personnes d'ascendance africaine) offrent des espaces de négociation politique, de mémoire historique et de participation des personnes concernées, notamment autour des questions de réparations, de justice raciale et de reconnaissance. Si cet ensemble témoigne d'une reconnaissance accrue du racisme comme problème mondial et structurel, il souffre néanmoins d'une fragmentation institutionnelle et de chevauchements de mandats, d'où l'enjeu central, désormais souligné par le Conseil des droits de l'homme, de renforcer la cohérence, la lisibilité et l'impact concret de ce dispositif au-delà de la seule production normative.

La question des réparations constitue l'une des lignes de fracture les plus profondes.

De nombreux pays du Sud insistent sur la nécessité de reconnaître la responsabilité morale et historique des anciennes puissances coloniales et esclavagistes, ainsi que sur celle d'ouvrir la voie à des réparations : symboliques, financières ou institutionnelles[28].

À l'inverse, plusieurs pays du Nord craignent qu'une telle démarche ne suscite des revendications rétroactives jugées irréalistes ou politiquement sensibles. Cette

---

[28] Dans son allocution prononcée le 25 septembre 2025 au African Burial Ground National Monument à New York, en marge de la célébration du 80e anniversaire des Nations Unies, SEM le Président Bassirou Diomaye Faye a souligné la portée universelle du devoir de mémoire et le lien entre justice historique, dignité humaine et réparations. Il a rappelé la décision de l'Union africaine de faire de 2025 « l'Année de la justice et des réparations pour les Africains et les personnes d'ascendance africaine », invitant à la création d'un fonds africain pour les réparations et à l'intégration des questions mémorielles dans les politiques publiques. Le discours a également évoqué les initiatives du Sénégal (de la commémoration de Thiaroye à la valorisation du patrimoine mémoriel de Gorée) et appelé à un dialogue afrodescendant renouvelé, fondé sur la reconnaissance des injustices, la transmission de la fierté historique et la co-construction d'un avenir partagé entre l'Afrique et sa diaspora.

tension est particulièrement visible dans le suivi de la Déclaration et du Programme d'action de Durban.

À cet égard, les débats récents à l'Assemblée générale des Nations Unies témoignent d'une évolution notable vers une reconnaissance plus explicite des injustices historiques. La Déclaration relative à la qualification de la traite des Africains réduits en esclavage et de l'esclavage racialisé des Africains comme le plus grave crime contre l'humanité s'inscrit dans cette dynamique[29]. Soumise aux voix, elle a été adoptée le 25 mars 2026 par 122 voix pour, 3 contre et 52 abstentions, traduisant ainsi des lignes de fracture persistantes au sein de la communauté internationale.

En réaffirmant le caractère imprescriptible de ces crimes, en établissant leur lien avec les inégalités contemporaines et en ouvrant la voie à un dialogue sur la justice réparatrice, cette Déclaration marque une étape importante dans la prise en compte des dimensions historiques du racisme au sein du système multilatéral.

Au-delà de sa portée symbolique, elle traduit une évolution du multilatéralisme vers une approche plus intégrée, articulant mémoire, responsabilité et réparation, et portée notamment par les pays du Sud.

---

[29] Assemblée générale des Nations Unies, Déclaration relative à la qualification de la traite des Africains réduits en esclavage et de l'esclavage racialisé comme le plus grave crime contre l'humanité A/80/L.48 du 25 Mars 2026.

À Genève, les résolutions sur le racisme sont adoptées par environ 30 voix pour, 5 à 7 contre et 10 à 12 abstentions. Cela révèle un large soutien dont elles bénéficient de la part des pays du Sud face aux réserves persistantes de plusieurs pays occidentaux. Il en est ainsi de la Résolution A/HRC/RES/57/25, intitulée « De la rhétorique à la réalité : appel mondial pour une action concrète contre le racisme, la discrimination raciale, la xénophobie et l'intolérance qui y est associée », adoptée le 10 octobre 2024. Elle réaffirme la centralité de la Déclaration et du Programme d'action de Durban et appelle à des mesures concrètes contre le racisme sous ses formes contemporaines. Elle insiste notamment sur le racisme systémique, les séquelles de l'esclavage et du colonialisme, la justice réparatrice, ainsi que sur les défis émergents liés aux technologies numériques et aux violences policières, tout en renforçant les mécanismes de suivi de Durban.

Adoptée par 30 voix pour, 5 contre et 12 abstentions, elle met en évidence une fracture politique persistante au sein du Conseil, marquée par :

– un appui majoritaire du Sud global à une approche historique et structurelle ;

– une opposition de plusieurs États occidentaux (Allemagne, États-Unis, France, Pays-Bas, Albanie) ; et

– des abstentions surtout européennes, traduisant des réserves sur certains aspects normatifs et institutionnels du texte.

À New York, la polarisation est similaire, mais plus massive : 120 à 130 voix pour, 45 à 55 contre et 10 à 15 abstentions. Les débats de la 79e session sur le racisme[30] illustrent à la fois la continuité et les fractures du multilatéralisme onusien :

– continuité, car la Déclaration de Durban demeure le socle de l'action antiraciste ;

– fractures, car le clivage Nord-Sud persiste sur la mémoire, la responsabilité et la réparation.

Dans ce cadre, la diplomatie sénégalaise a réaffirmé que la lutte contre le racisme ne saurait être dissociée d'une justice historique et économique fondée sur l'égalité des peuples.

En 2024, la Troisième Commission a examiné deux projets de résolution emblématiques des clivages mentionnés ci-avant. Les deux textes sont intitulés :

– « Lutte contre la glorification du nazisme, du néonazisme et d'autres pratiques qui contribuent à alimenter les formes contemporaines de racisme, de discrimination raciale, de xénophobie et de l'intolérance qui y est associée » (A/C.3/79/L.2) ;

– « Appel mondial à une action concrète pour l'élimination du racisme, de la discrimination raciale, de la

[30] Voir : Assemblée générale des Nations Unies, Rapport du Comité spécial sur la lutte contre le racisme, la discrimination raciale, la xénophobie et les formes connexes d'intolérance, A/79/456, 27 novembre 2024.

xénophobie et de l'intolérance qui y est associée, et pour l'application intégrale et le suivi de la Déclaration et du Programme d'action de Durban » (A/C.3/79/L.48/ Rev.1).

Le premier texte a été adopté après mise aux voix, avec 116 voix pour, 54 contre et 11 abstentions. Les délégations ont réaffirmé, dans leur majorité, l'importance de lutter contre toutes les formes contemporaines de racisme et de xénophobie, en soulignant la nécessité d'une vigilance accrue face à la résurgence des idéologies haineuses et des discours extrémistes.

Le second projet, présenté par l'Ouganda au nom du Groupe des 77 et de la Chine, vise à renforcer le suivi de la Déclaration et du Programme d'action de Durban. Ce cadre reste la référence universelle de la lutte contre le racisme, la discrimination raciale, la xénophobie et l'intolérance.

Les deux textes précités insistent sur l'importance de l'éducation, de la sensibilisation, de la justice réparatrice pour les injustices historiques (esclavage, colonialisme, apartheid), et de la coopération internationale. Ils appellent à renforcer les mécanismes de l'ONU, comme le Forum permanent pour les personnes d'ascendance africaine, et à mobiliser des ressources pour soutenir ces initiatives.

Les travaux à New York incluent la préparation d'une déclaration sur les droits des personnes d'ascendance africaine, la commémoration des victimes de l'esclavage et des tragédies historiques, ainsi que la planification du 25e anniversaire de la Déclaration et du Programme d'action de Durban en 2026.[31]

Conformément à sa position traditionnelle, Israël a demandé la mise aux voix, soulignant ses réserves quant au caractère non consensuel de la Déclaration et du Programme d'action de Durban[32]. Malgré ces objections,

---

[31] Voir : Assemblée générale des Nations Unies, Rapport du Comité spécial sur la lutte contre le racisme, la discrimination raciale, la xénophobie et les formes connexes d'intolérance, A/79/456, 27 novembre 2024 ; Assemblée générale, Résolution « Appel mondial à une action concrète pour l'élimination du racisme, de la discrimination raciale, de la xénophobie et de l'intolérance », A/RES/79/175, 2024 ; Assemblée générale, Résolution sur la lutte contre la glorification du nazisme, du néonazisme et des pratiques qui contribuent à alimenter les formes contemporaines de racisme et de xénophobie, A/RES/79/174, 2024 ; Conseil des droits de l'homme, Rapport du Forum permanent des Nations Unies pour les personnes d'ascendance africaine, A/HRC/57/65, 2024 ; Conseil des droits de l'homme, Rapport du Mécanisme international d'experts indépendants pour la promotion de la justice et de l'égalité raciales, A/HRC/56/74, 2023.

[32] A propos de la Conférence mondiale contre le racisme de Durban (2001), monsieur Bacre Waly Ndiaye m'a fait observer, au cours d'un échange informel, qu'il est utile de rappeler qu'un communiqué du ministère des Affaires étran-gères d'Israël, en date du 8 septembre 2001, s'est explicite-ment félicité du déroulement et des résultats de la conférence, les qualifiant de succès pour Israël et évoquant la « défaite des extrémistes », notamment palestiniens. Cette appréciation s'expliquait notamment par le fait que, malgré les pressions exercées durant les négociations, la Déclaration finale adoptée par consensus à Durban n'a pas repris la formule « sionisme égale racisme », précédemment utilisée dans certaines résolu-tions de l'Assemblée générale des Nations Unies. Cet élément de contexte conduit à relativiser, avec le recul, l'accusation récurrente

la résolution a été adoptée par 128 voix pour, 19 contre et 37 abstentions. C'est la une confirmation de la vitalité du Sud global et de la persistance de clivages entre approches centrées sur la reconnaissance historique et positions guidées par les équilibres politiques actuelles.

Une autre tension oppose le principe de non-ingérence à l'universalité des normes. Certains États affirment que la lutte contre le racisme relève exclusivement des politiques nationales et rejettent toute forme de surveillance internationale.

À l'inverse, d'autres soutiennent que le caractère universel des droits de l'homme impose une vigilance collective, notamment face aux discriminations systémiques révélées dans les pratiques policières ou administratives.[33]

---

selon laquelle la Conférence de Durban aurait constitué un exercice fondamentalement hostile ou biaisé à l'encontre d'Israël.

[33] Voir : Conseil des droits de l'homme, Débat thématique sur le racisme systémique et les pratiques policières discrimina-toires, A/HRC/56/SR.8, 2024 ; Rapport du Haut-Commissaire sur la promotion et la protection des droits de l'homme dans le contexte des pratiques policières discriminatoires et de la violence raciale, A/HRC/56/71, 2024.

Voir également : Commission africaine des droits de l'homme et des peuples, Résolution 489 (2021) sur le racisme systé-mique et les violences policières à l'encontre des personnes d'ascendance africaine ; Cour interaméricaine des droits de l'homme, Avis consultatif OC-18/03, « Condition juridique et droits des migrants sans papiers », 17 septembre 2003 ; Conseil de l'Europe, Commission européenne contre le racisme et l'intolérance (ECRI), Rapport annuel 2023.

Le racisme reste un fléau mondial auquel aucun pays n'échappe, avec des dimensions et formes différentes. Selon les régions, il prend des manifestations et causes variées. De même, le racisme n'est pas perçu de la même manière selon les régions, comme indiqué ci-après :

– Europe : débats principalement axés sur le racisme systémique et structurel, les pratiques d'application de la loi par les forces de l'ordre, ainsi que sur la montée du nationalisme et de la xénophobie. ;

– Amériques : mémoire de l'esclavage et discriminations raciales, peuples autochtones ;

– Asie : problématique des minorités ethniques et religieuses, xénophobie ;

– Afrique : débats sur l'ethnicité, la xénophobie.

Cette diversité complexifie l'élaboration d'une approche universelle. Le Conseil des droits de l'homme s'efforce de la concilier avec les normes universelles, notamment à travers le suivi du Programme d'action de Durban et les travaux du Groupe de travail d'experts sur les personnes d'ascendance africaine (WGEPAD).

Tous les États reconnaissent la nécessité de lutter contre le racisme, mais divergent sur la manière d'y parvenir. Certains privilégient une approche intégrée (éducation, justice, emploi, logement, médias), tandis que d'autres se limitent à des engagements déclaratoires, sans mécanismes contraignants.

À la Troisième Commission comme au Conseil des droits de l'homme, les résolutions recueillent de larges majorités, mais souvent face à des oppositions structurées : environ 120 à 130 voix pour, 50 opposées et une quinzaine d'abstentions à New York.

Le racisme constitue une violation universellement condamnée ; mais les vues sont profondément divergentes au sujet de son interprétation et de la réparation de sa commission.

Les débats à Genève comme à New York révèlent un clivage persistant entre une approche mémorielle et structurelle (soutenue par le Sud) et une approche plus restrictive et individualiste (défendue par plusieurs pays du Nord).

La persistance du racisme, y compris sous des formes nouvelles (discours en ligne, discriminations systémiques, politiques migratoires) rappelle l'urgence d'une coopération internationale renouvelée, fondée sur la vérité historique, la responsabilité partagée et la prévention durable.[34]

---

[34] Voir : Conseil des droits de l'homme, Rapport du Haut-Commissaire des Nations Unies aux droits de l'homme sur la lutte contre les discours de haine en ligne, A/HRC/55/50, 2023 ; UNESCO, Repenser la lutte contre le racisme à l'ère numérique, Paris, 2023 ; Conseil de l'Europe, Commission européenne contre le racisme et l'intolérance (ECRI), Rapport annuel 2023 ; Amnesty International, Rapport mondial 2024/25 : La situation des droits de l'homme dans le monde. Londres, 2024 ; Michelle Bachelet, Allocution d'ouverture à la 47e session du Conseil des droits de l'homme, Genève, 21 juin 2021.

CHAPITRE 3

Liberté de religion et minorités religieuses : protection et dialogue

La liberté de religion constitue un pilier des droits civils et politiques. Elle ne se limite pas à la pratique individuelle d'une foi, mais inclut la protection des minorités religieuses et la promotion de la coexistence pacifique. Dans un contexte mondial marqué par la diversité culturelle et religieuse, cette liberté est à la fois un instrument de dignité humaine et un levier de cohésion sociale[35]. Cependant, son exercice n'est pas sans tensions : il entre parfois en conflit avec d'autres droits, notamment la liberté d'expression, et met à l'épreuve les États dans leur rôle de garant de la neutralité et de l'équité.

La liberté de religion est protégée par l'article 18 du **Pacte international relatif aux droits civils et**

[35] Il convient de souligner l'importance de la Déclaration des Nations Unies sur l'élimination de toutes les formes d'intolérance et de discrimination fondées sur la religion ou la conviction, adoptée le 20 juin 1981, dont la négociation a été remarquablement conduite par notre compatriote, le regretté Abdoulaye Diéye, magistrat originaire de Thiès. Comme l'a rappelé Theo van Boven lors de la commémo-ration du trentième anniversaire de cette Déclaration à Prague, l'obtention d'un consensus entre des positions profondément divergentes, notamment entre les pays du bloc de l'Est et ceux de l'Ouest, aurait été impossible sans son rôle de médiation et sa maîtrise des équilibres politiques et juridiques.

politiques (PIDCP) et par l'article 18 de la **Déclaration universelle des droits de l'homme**. Ces textes garantissent la liberté de pensée, de conscience et de religion, individuellement ou en communauté. Les minorités religieuses sont particulièrement vulnérables aux discriminations et aux violences. Les États ont l'obligation de créer des conditions légales et sociales qui leur permettent de pratiquer leur religion librement, tout en veillant à la non-discrimination dans l'accès à l'éducation, à l'emploi et aux services publics.[36]

Les défis contemporains liés à la religion et à la société demeurent nombreux. Dans plusieurs régions du monde, les minorités religieuses continuent de subir diverses formes de discrimination, de marginalisation et parfois de violences ciblées, souvent nourries par des traditions culturelles ou des pratiques sociales dominantes.

Dans ce contexte, le Rapporteur spécial sur la liberté de religion ou de conviction souligne régulièrement la nécessité pour les États de garantir un environnement

---

[36] Voir : Nations Unies, Déclaration universelle des droits de l'homme, article 18, adoptée par l'Assemblée générale dans sa résolution 217 A (III), 10 décembre 1948 ; Nations Unies, Pacte international relatif aux droits civils et politiques, article 18, adopté par la résolution 2200 A (XXI) de l'Assemblée générale, 16 décembre 1966, entré en vigueur le 23 mars 1976 ; Comité des droits de l'homme, Observation générale n° 22 sur la liberté de pensée, de conscience et de religion (article 18), CCPR/C/21/Rev.1/Add.4, 30 juillet 1993 ; Conseil des droits de l'homme, Rapport du Rapporteur spécial sur la liberté de religion ou de conviction, A/HRC/55/44, 2023.

inclusif, fondé sur la tolérance, la non-discrimination et la protection effective des minorités religieuses.

Cette importance a été réaffirmée par le Conseil des droits de l'homme dans sa résolution A/HRC/61/L.33, adoptée sans vote en mars 2026, soulignant la nécessité de poursuivre et de renforcer le mandat du Rapporteur spécial.

Face à ces tensions persistantes, il devient essentiel de promouvoir le dialogue et la coopération interreligieuse, non seulement pour favoriser la tolérance et la compréhension mutuelle, mais aussi pour prévenir les conflits liés aux croyances et renforcer la cohésion sociale au sein des sociétés pluralistes.

La question de la liberté d'expression et de la liberté religieuse demeure l'un des dilemmes les plus complexes du droit international des droits de l'homme. Le Pacte international relatif aux droits civils et politiques établit à cet égard un cadre dual : son article 19 consacre la liberté d'expression, incluant le droit de chercher, de recevoir et de diffuser des informations ou des idées, tandis que son article 20 interdit tout discours de haine incitant à la discrimination, à l'hostilité ou à la violence contre une communauté.[37]

---

[37] Voir : Nations Unies, Pacte international relatif aux droits civils et politiques, articles 19 et 20, adopté par la résolution 2200 A (XXI) de l'Assemblée générale, 16 décembre 1966, entré en vigueur le 23 mars 1976 ; Comité des droits de l'homme, Observation générale n° 34 sur la liberté d'opinion et d'expression

Ces deux dispositions peuvent entrer en tension lorsque la critique d'une religion est perçue comme une atteinte aux croyances de ses fidèles.

Dans ce contexte, le Plan d'action de Rabat[38] constitue aujourd'hui une référence opérationnelle pour interpréter l'interdiction de l'incitation à la haine.

Il propose une grille d'analyse en six critères permettant de distinguer entre expression protégée et discours prohibé. Cette approche repose sur un seuil élevé de restriction, garantissant que la lutte contre la haine ne se fasse pas au détriment de la liberté d'expression. Cette approche s'inscrit dans une dynamique plus large portée au Conseil des droits de l'homme qui, en mars 2026, a adopté sans vote une résolution appelant les États à promouvoir un environnement national fondé sur la

---

(articles 19 et 20), CCPR/C/GC/34, 12 septembre 2011 ; Conseil des droits de l'homme, Rapport du Rapporteur spécial sur la promotion et la protection du droit à la liberté d'opinion et d'expression, A/HRC/56/52, 2024 ; Conseil de l'Europe, Convention européenne des droits de l'homme, article 10, signée à Rome le 4 novembre 1950, entrée en vigueur le 3 septembre 1953 ; UNESCO, Guide pratique sur la lutte contre les discours de haine en ligne, Paris, 2023.

[38] Voir Plan d'action de Rabat sur l'interdiction de l'appel à la haine nationale, raciale ou religieuse constituant une incitation à la discrimination, à l'hostilité ou à la violence, adopté par des experts à Rabat les 4-5 octobre 2012, Haut-Commissariat des Nations Unies aux droits de l'homme. Ce texte propose une grille d'analyse en six critères (contexte, orateur, intention, contenu, diffusion, probabilité du préjudice) permettant d'évaluer le seuil d'incitation au sens de l'article 20 du PIDCP.

tolérance religieuse, la paix et le respect mutuel, ainsi qu'à renforcer les mesures de lutte contre les discours de haine.

Une telle approche invite les États à trouver un équilibre délicat entre la préservation du débat public libre et la protection des convictions religieuses et de la dignité des minorités. L'enjeu est d'assurer un espace d'expression ouvert, sans que celui-ci ne devienne un vecteur de stigmatisation ou de violence. Un lien peut également être établi entre la liberté de religion ou de conviction et la liberté d'association, lien déjà reconnu dans plusieurs décisions rendues par le Comité des droits de l'homme[39] dans le cadre de communications individuelles.

À cet égard, il ressort d'échanges informels que le Comité envisagerait de consacrer un prochain commentaire général à la liberté d'association. Le cas échéant,

---

[39] Le Comité des droits de l'homme est un organe conven-tionnel des Nations Unies chargé de surveiller l'application du Pacte international relatif aux droits civils et politiques (PIDCP). Créé en 1976, il est composé de 18 experts indépendants, élus pour un mandat de quatre ans, siégeant à titre personnel. Le Comité examine les rapports périodiques des États parties, adopte des observations générales inter-prétatives et, pour les États ayant accepté le Protocole facul-tatif, statue sur des communications individuelles relatives à des violations alléguées du Pacte. Ses constatations ne sont pas juridiquement contraignantes, mais elles jouissent d'une autorité morale et interprétative reconnue dans le système international des droits de l'homme. A titre de rappel, Monsieur Bacre Waly Ndiaye, est actuellement membre du Comité.

un processus de consultation, incluant des contributions de la société civile et des États, précéderait la rédaction du texte final.

À Genève, au Conseil des droits de l'homme, les résolutions sur la protection des minorités religieuses et la prévention des discours haineux sont régulièrement adoptées par des majorités, mais jamais à l'unanimité. Par exemple :

Pour : 30-33 voix ; Contre : 10-12 voix ; Abstentions : 4-5 voix.

Ce vote reflète souvent un clivage Nord–Sud, les pays du Sud poussant pour l'adoption de mesures plus contraignantes tandis que certains pays du Nord privilégient une approche prudente, notamment lorsqu'il s'agit de questions liées à la liberté d'expression, comme les caricatures offensantes ou les profanations du Coran.

À New York, à la Troisième Commission de l'Assemblée générale, les résolutions liées à la liberté religieuse et à la lutte contre les discours haineux sont généralement adoptées par de larges majorités, mais les divisions persistent :

Pour : 120-130 voix ; Contre : 45-50 voix ; Abstentions : 10-15 voix. Cette dynamique illustre la polarisation autour de l'universalisme des droits et du respect des souverainetés nationales. Mais en 2025, la Troisième Commission a adopté, sans vote et sans modifications, la Résolution intitulée « Liberté de religion ou de conviction » (A/C.3/79/L.36), présenté par la Hongrie au nom de l'Union européenne.

Cette résolution réaffirme l'importance du respect universel de la liberté de pensée, de conscience, de religion ou de conviction, en soulignant son rôle essentiel dans la promotion de la tolérance, du pluralisme et de la coexistence pacifique. Il rappelle les obligations des États de garantir non seulement le droit de croire ou de ne pas croire, mais aussi de manifester ses convictions en public ou en privé, individuellement ou en communauté.

Le texte souligne les limites légitimes que les États peuvent imposer à cette liberté[40], mais insiste sur la nécessité que de telles restrictions soient proportionnées et nécessaires.

Cependant, lors de son adoption, certaines délégations ont exprimé des réserves d'interprétation sur des aspects terminologiques et juridiques. L'Argentine a indiqué préférer l'usage du terme « sexe », tel que stipulé à l'article 7.3 du Statut de Rome, plutôt que celui de « genre ».

Elle s'est également dissociée du paragraphe 12 du texte, considérant que le droit à la santé ne saurait être invoqué pour restreindre la liberté de religion ou de conviction.

---

[40] Dans les cas strictement prévus par la loi, pour protéger la sécurité publique, l'ordre, la santé ou les droits d'autrui.

La dissociation de l'Argentine du paragraphe 12 du projet A/C.3/79/L.36 illustre les tensions récurrentes entre la liberté de religion et les autres droits fondamentaux. En estimant que le droit à la santé ne saurait restreindre la liberté de conviction, ce pays défend une conception protectrice de la conscience individuelle, là où d'autres États invoquent au contraire la primauté de l'accès universel aux droits sociaux et sexuels. Ce clivage conceptuel, fréquent au sein des Nations Unies, reflète les limites d'un consensus véritablement universel sur l'équilibre entre croyance, liberté et responsabilité publique.

Les précisions apportées ci-avant illustrent la sensibilité persistante de certains concepts au sein des débats onusiens, où le champ de la liberté religieuse croise fréquemment ceux de la non-discrimination, de l'égalité de genre et des droits reproductifs. La recherche d'un équilibre entre principes universels et diversités culturelles ou spirituelles demeure ainsi au cœur des discussions de la Troisième Commission.

Toutefois, au-delà de ces divergences, les pratiques récentes témoignent d'une volonté persistante des États de préserver des espaces de convergence. À cet égard, l'adoption sans vote de certaines résolutions traduit la recherche d'un consensus, même fragile, autour des principes fondamentaux.

La liberté religieuse et la protection des minorités ne peuvent être dissociées du respect de la liberté d'expression. La tâche des États et de la communauté internationale consiste à construire des ponts entre ces droits, en garantissant, tout à la fois :

– la protection des croyances et pratiques religieuses ;

– la prévention des discriminations et violences[41] ;

– le respect du débat public et de l'expression critique.

Cela permet d'obtenir que la coexistence pacifique et le dialogue interreligieux deviennent non seulement une exigence morale, mais aussi un impératif juridique et politique[42].

---

[41] Dans son allocution à la 80e Assemblée générale, le Président Bassirou Diomaye Faye a mis en garde contre « la déshumanisation désolante d'un monde d'émotions sélectives », soulignant que seule une justice fondée sur la solidarité et le dialogue peut préserver la paix. Cet appel à un multilatéralisme éthique fait écho au principe de liberté de religion ou de conviction, fondé sur la reconnaissance mutuelle et le respect du pluralisme spirituel.

[42] Voir : Assemblée générale des Nations Unies, Déclaration sur l'élimination de toutes les formes d'intolérance et de discrimination fondées sur la religion ou la conviction, A/RES/36/55, 25 novembre 1981 ; Alliance des civilisa-tions des Nations Unies (UNAOC), Rapport du Haut Repré-sentant, 2023 ; UNESCO, Déclaration de Rabat sur le dialogue interreligieux et interculturel, 2022 ; Pape François et Ahmad Al-Tayeb, Document sur la fraternité humaine pour la paix mondiale et la coexistence commune, Abou Dhabi, 4 février 2019.

CHAPITRE 4

Migration, sécurité et droits de l'homme : humaniser la gouvernance des frontières

Les migrations internationales, qu'elles soient volontaires ou forcées, constituent l'un des défis majeurs du XXIe siècle. Elles traduisent des dynamiques imbriquées (économiques, politiques, climatiques et sécuritaires) qui reconfigurent les rapports entre souveraineté nationale et responsabilité internationale[43].

Face à l'ampleur de ces mobilités, les positions des États oscillent entre deux impératifs, à savoir :

– garantir la sécurité des frontières et la stabilité interne ; et

[43] Ces questions relatives à la migration, à la mobilité humaine et à la protection internationale des réfugiés ont déjà été examinées dans La Voix du Sénégal à Genève (2023), notamment aux chapitres 6 (Faire avancer l'action collective pour répondre aux situations de détresse) et 8 (Pour une prise en charge du défi migratoire).
Le présent chapitre en prolonge la réflexion dans un contexte renouvelé, en intégrant la dimension sécuritaire, la gouver-nance des frontières et les évolutions récentes des débats multilatéraux à New York. Il distingue plus clairement migration et asile, tout en soulignant la porosité croissante entre les deux, à mesure que les facteurs climatiques, sécuritaires et économiques se conjuguent dans la pratique diplomatique contemporaine.

– assurer la protection des droits fondamentaux des migrants, des réfugiés et des demandeurs d'asile.

Cette tension structurelle se retrouve au cœur du débat multilatéral.

Longtemps perçue comme une question purement administrative, la migration est désormais reconnue comme un enjeu global de droits de l'homme, nécessitant une gouvernance partagée fondée sur la dignité, la coopération et la solidarité.

À l'occasion de la retraite de 2019 du Conseil des droits de l'homme, tenue à Dakar (Sénégal) les 21 et 22 octobre 2019, les discussions du panel thématique consacré aux migrations de masse et aux droits de l'homme ont mis en lumière plusieurs tendances structurantes.

Les échanges ont d'abord rappelé une évidence souvent occultée dans les débats politiques : la migration n'est pas un phénomène nouveau, mais une constante historique de l'humanité.

Ce qui est récent, en revanche, c'est sa qualification croissante en termes de « crise », alimentée par une visibilité accrue des flux migratoires, la diffusion de discours de haine et, dans certains cas, un déficit de volonté politique en matière d'intégration.

Les participants au panel susmentionné ont également insisté sur un point essentiel pour la cohérence normative : tous les migrants ne se trouvent pas dans des situations identiques. La confusion entre réfugiés, migrants volontaires et migrants forcés tend à affaiblir les réponses politiques et à brouiller les obligations juridiques des États.

Dans ce contexte, plusieurs intervenants ont plaidé pour une approche pragmatique fondée sur ce qui rassemble les États, notamment les acquis du Pacte mondial sur les migrations, tout en appelant à dépasser les blocages politiques afin de traduire ces engagements en changements concrets sur le terrain.

L'adoption des Pactes mondiaux en 2018, l'un sur les migrations sûres, ordonnées et régulières[44] (GCM), l'autre sur les réfugiés[45] (GCR), a marqué une étape décisive vers une approche coopérative et fondée sur le respect des droits de l'homme.

Bien que non contraignants, ces deux instruments juridiques ont introduit la distinction essentielle que voici :

– le Pacte sur les réfugiés, supervisé par le HCR, s'adresse aux déplacements forcés dus à la persécution ou aux conflits ;

– le Pacte sur les migrations, placé sous l'égide de l'OIM, encadre la mobilité volontaire, dans le respect de la souveraineté des États.

---

[44] Global Compact for Safe, Orderly and Regular Migration (GCM), « Pacte mondial pour des migrations sûres, ordonnées et régulières ».

[45] Global Compact on Refugees (GCR) « Pacte mondial sur les réfugiés ».

Le rapport A/79/452 (2024)[46] illustre cette dualité : en effet, il consacre la protection des réfugiés sous mandat du HCR, tout en reconnaissant l'impact des facteurs mixtes (climat, pauvreté, sécurité) qui brouillent les frontières entre migration et asile.

La Conférence intergouvernementale de Marrakech sur les migrations (10-11 décembre 2018), organisée pour entériner le Pacte mondial pour des migrations sûres, ordonnées et régulières à l'issue de deux années de négociations engagées depuis la Déclaration de New York de 2016, a marqué une avancée importante vers un cadre de coopération globale. Même si le texte a ensuite été adopté par l'Assemblée générale avec une large majorité (152 voix pour, 5 contre et 12 abstentions), les débats ont révélé des fractures persistantes entre une approche fondée sur la coopération et les droits des migrants et une vision plus restrictive centrée sur la souveraineté des États.

L'architecture multilatérale demeure complexe. Le HCR, l'OIM, le Haut-Commissariat aux droits de l'homme (OHCHR) et les procédures spéciales se partagent un champ où les mandats se chevauchent.

---

[46] Voir : Assemblée générale des Nations Unies, Soixante-dix-neuvième session, point 60 de l'ordre du jour : Rapport du Haut-Commissaire des Nations Unies pour les réfugiés, questions relatives aux réfugiés, aux rapatriés et aux déplacés et questions humanitaires, Rapport de la Troisième Com-mission, A/79/452 ; 26 November 2024.

Si cette diversité reflète une approche transversale (migration, droits de l'homme, développement), elle génère aussi des redondances et des incohérences. Au demeurant, le rapport A/79/452 du 26 novembre 2024 souligne le besoin de coordination accrue entre acteurs humanitaires, du développement et de la paix, notamment pour traiter les causes profondes des déplacements forcés.

Lors de la retraite précitée tenue à Dakar, les discussions ont également confirmé l'émergence d'un consensus croissant sur la nécessité de s'attaquer aux causes structurelles des migrations de masse, notamment les inégalités économiques persistantes, les effets du changement climatique et les situations d'instabilité politique et sécuritaire. À cet égard, il a été souligné que les déplacements liés aux facteurs environnementaux sont appelés à s'intensifier dans les années à venir, sous l'effet conjugué de la dégradation des écosystèmes, de la raréfaction des ressources naturelles et de la multiplication des événements climatiques extrêmes. Cette évolution renforce l'imbrication croissante entre migration, développement et sécurité, et appelle, en conséquence, des réponses intégrées, anticipatrices et fondées sur les droits de l'homme.

À ces facteurs structurels s'ajoutent désormais de nouvelles dynamiques liées aux transformations technologiques.

En effet, les transformations technologiques, et en particulier l'essor de l'intelligence artificielle, introduisent une variable nouvelle dans l'équation migratoire. Si elles ouvrent des perspectives importantes en matière de productivité et d'innovation, elles comportent également des risques de substitution d'emplois dans certains secteurs, en particulier dans les économies les plus vulnérables. L'intelligence artificielle ne doit pas devenir un facteur aggravant des migrations contraintes. Bien encadrée, elle peut au contraire contribuer à en traiter les causes profondes. Cela suppose d'anticiper ses effets sur l'emploi, d'assurer un partage équitable de ses bénéfices et d'inscrire sa gouvernance dans une approche multilatérale, inclusive et orientée vers le développement.

Depuis les crises syrienne, sahélienne et méditerranéenne, plusieurs États ont durci leurs politiques de contrôle, associant migration et insécurité. Cette approche privilégie la gestion frontalière au détriment du respect des droits.

Le rapport A/79/452 condamne expressément les refoulements et expulsions illicites, la détention arbitraire de demandeurs d'asile, et réaffirme le caractère civil et humanitaire des camps de réfugiés, dénonçant toute militarisation de l'aide humanitaire.

À l'inverse, nombre d'États du Sud global appellent à replacer la dignité humaine au centre des politiques migratoires. Ils soulignent les causes structurelles telles que les inégalités, le dérèglement climatique, l'instabilité politique et reconnaissent, voire promeuvent le rôle des diasporas comme acteurs de développement.

Cette vision humaniste trouve écho dans les engagements du HCR et du GCM, à savoir :

– respect du principe de non-refoulement ;

– accès aux services de base ;

– reconnaissance de la migration comme facteur de développement ; et

– lutte contre la xénophobie.

Dans ce contexte, la lutte contre la xénophobie devient un enjeu central de la gouvernance migratoire, les discours politiques et médiatiques associant migration et insécurité contribuant parfois à alimenter la stigmatisation des migrants et des communautés perçues comme étrangères.

À Genève, le Conseil des droits de l'homme ancre la question migratoire dans le cadre du droit international, en réaffirmant des principes fondamentaux tels que l'interdiction du refoulement, l'égalité de traitement et la protection des travailleurs migrants et de leurs familles. Des mécanismes spécialisés, tels que le Rapporteur spécial sur les droits des migrants et le Comité pour la protection des travailleurs migrants (CMW), assurent à la fois la veille normative et la reddition de comptes.

Les résolutions adoptées, le plus souvent à large majorité, témoignent d'une dynamique de normalisation par le droit, même si certaines délégations, notamment parmi les pays du Nord, s'abstiennent face à des formulations qu'ils jugent trop contraignantes.

Les travaux récents du Conseil confirment la consolidation d'une approche fondée sur les droits dans la gouvernance des migrations. La résolution présentée lors de la cinquante-septième session[47], **adoptée par consensus**, intitulée « droits humains des migrants », réaffirme avec clarté que tous les migrants, quel que soit leur statut, sont titulaires de droits et doivent bénéficier d'une protection effective de leur dignité à toutes les étapes du parcours migratoire. Elle souligne également la responsabilité première des États, dans le respect du droit international, de promouvoir, protéger et réaliser ces droits.

Le texte met en lumière des préoccupations croissantes liées aux récits déshumanisants, à la désinformation et aux discours de haine visant les migrants et qui alimentent la xénophobie, les discriminations et les violences. À cet égard, il appelle à promouvoir des narratifs fondés sur les droits de l'homme et à mieux reconnaître les contributions économiques, sociales et culturelles des migrants, tout en luttant contre leur instrumentalisation à des fins politiques.

[47] Resolution A/HRC/57L.27.

Enfin, la résolution illustre un renforcement de la dimension opérationnelle de l'action du Conseil, en mettant l'accent sur :

– la prévention des violations aux frontières ;

– le développement de voies de migration sûres, ordonnées et régulières ;

– la protection des personnes en situation de vulnérabilité, ainsi que ;

– la coopération entre pays d'origine, de transit et de destination.

Elle témoigne ainsi d'une évolution vers une approche plus intégrée, articulant cadre normatif et exigences concrètes de mise en œuvre des droits des migrants.

Cette dynamique normative s'est récemment renforcée avec l'adoption en 2025 de recommandations générales conjointes du Comité pour l'élimination de la discrimination raciale (CERD) et du Comité pour la protection des droits de tous les travailleurs migrants et des membres de leur famille (CMW)[48].

---

[48] Joint general recommendation No. 39 (2025) of the Committee on the Elimination of Racial Discrimination and general comment No. 8 (2025) of the Committee on the Protection of the Rights of All Migrant Workers and Members of Their Families on **thematic guidelines** for eradicating xenophobia towards migrants and others perceived as such.
Joint general recommendation No. 38 (2025) of the Com-mittee on the Elimination of Racial Discrimination and general comment No. 7 (2025) of the Committee on the Protection of the Rights of All Migrant Workers and Members of Their Families on **general**

Ces textes proposent des orientations communes visant à éradiquer la xénophobie à l'égard des migrants et des personnes perçues comme telles, en soulignant ses effets néfastes non seulement sur les migrants eux-mêmes, mais aussi sur la cohésion sociale et la stabilité des sociétés.

L'adoption des recommandations générales conjointes illustre une évolution notable du système international des droits de l'homme : la coopération accrue entre organes conventionnels pour élaborer des interprétations convergentes et promouvoir des politiques publiques globales de lutte contre les discriminations.

Dans la même veine, il convient de relever que la retraite de Dakar de 2019 a également permis de faire émerger plusieurs propositions relatives au rôle que pourrait jouer le Conseil des droits de l'homme face aux défis posés par les migrations de masse.

Parmi celles-ci figurent le recours accru à ses mécanismes existants, notamment les procédures spéciales et le Comité consultatif, ainsi que la possibilité de convoquer des sessions extraordinaires consacrées aux enjeux migratoires. Lors des discussions, il a été également évoqué la création de formats plus souples et innovants, tels qu'un Groupe d'Amis ou un groupe de travail interrégional, susceptibles de structurer le dialogue,

---

guidelines for eradicating xenophobia towards migrants and others perceived as such.

de favoriser les convergences et de dépasser les clivages traditionnels.

Ces pistes traduisent, au fond, une volonté partagée de renforcer la capacité du Conseil à évoluer d'un rôle principalement normatif vers une approche plus opérationnelle, mieux à même de répondre à la complexité des enjeux migratoires contemporains et à l'urgence d'y faire face.

À New York, la Troisième Commission et l'Assemblée générale abordent la migration sous un angle politique : partage des charges, responsabilités différenciées et recherche d'un équilibre entre sécurité et solidarité.

Le rapport A/79/452 précité s'inscrit dans cette lignée : il souligne le poids disproportionné supporté par les pays en développement dans l'accueil des réfugiés, et appelle à un financement prévisible et équitable.

Les débats y révèlent toutefois une polarisation persistante : consensus rhétorique sur les droits de l'homme, mais pratiques nationales souvent guidées par la logique sécuritaire.[49]

---

[49] Voir: Nations Unies, Rapport du Secrétaire général sur la situation des droits de l'homme dans le monde et les défis contemporains, A/79/360, 2024; Amnesty International, Human Rights under Surveillance: Security Policies and Civil Liberties, Londres, 2024; Human Rights Watch, World Report 2024: Security and Human Rights, New York, 2024.

Dans le même temps, les développements récents à l'Assemblée générale témoignent d'une réaffirmation normative significative. La résolution intitulée « Protection des migrants » (A/RES/80/218), adoptée le 18 décembre 2025 à une large majorité (147 voix pour, 4 contre et 27 abstentions) rappelle que tous les migrants, quel que soit leur statut, sont titulaires de droits humains. Elle insiste sur la nécessité de protéger leur dignité, de lutter contre les discriminations et de promouvoir des politiques migratoires conformes au droit international.

Elle souligne également la contribution positive des migrants au développement économique, social et culturel des sociétés d'origine, de transit et de destination, tout en appelant à renforcer la coopération internationale et les approches globales face au caractère multidimensionnel des migrations.

Cette séquence à New York met en évidence un multilatéralisme traversé par ses contradictions, mais capable, malgré les tensions, de faire émerger des points d'équilibre autour de principes fondamentaux.

À cet égard, le contraste avec Genève apparaît particulièrement structurant dans le domaine migratoire. Là où Genève appréhende prioritairement la migration sous l'angle du droit et privilégie, dans cette perspective, la recherche du consensus, New York l'aborde avant tout comme un enjeu de gouvernance globale, où s'expriment de manière plus directe les intérêts et les sensibilités des États. Le recours au vote y devient ainsi quasi systématique, traduisant des clivages politiques plus assumés et une polarisation accrue des débats.

Les débats récents autour de la Déclaration de progrès du Forum d'examen des migrations internationales, adoptée le 20 mai 2026 par l'Assemblée générale des Nations Unies, ont confirmé cette polarisation croissante. Alors que le texte a été adopté par 147 voix pour, 6 contre et 23 abstentions, une large majorité d'Etats a réaffirmé son attachement à une approche fondée sur la coopération internationale et les droits humains, tandis que plusieurs délégations ont au contraire insisté sur les impératifs de souveraineté, de sécurité et de distinction entre migration régulière et irrégulière.[50]

C'est le lieu de souligner, à cet égard, que l'Afrique s'impose désormais comme un acteur normatif. L'Agenda 2063 et le Cadre africain sur la migration de l'Union africaine défendent la mobilité intra-africaine, la circulation des compétences et la valorisation des diasporas.

Le Sénégal, fidèle à sa diplomatie de coopération, plaide pour une gouvernance équilibrée des migrations autour de trois piliers :

---

[50] Assemblée générale des Nations Unies, projet de résolution A/80/L.64 intitulé « Progress Déclaration of the International Migration Review Forum », adopté le 20 mai 2026 par 147 voix pour, 6 contre (États-Unis, Italie, Pologne, République tchèque, Slovaquie et Israël) et 23 abstentions.

– le respect des droits de l'homme aux frontières ;

– l'ouverture de canaux légaux ;

– la contribution active aux négociations onusiennes sur la migration et le développement.

Dans le même esprit, l'Afrique rappelle que la migration n'est pas une menace, mais un levier de solidarité, d'innovation et de croissance partagée.

Les résolutions onusiennes récentes révèlent un consensus fragile : la reconnaissance du caractère global de la migration s'accompagne encore d'approches sélectives et sécuritaires. Il en est ainsi car humaniser la gouvernance des frontières suppose :

– intégrer les droits de l'homme au cœur des politiques migratoires ;

– partager équitablement les responsabilités entre États d'origine, de transit et d'accueil ;

– rendre effectifs les engagements pris dans les Pactes mondiaux et les résolutions de l'Assemblée générale.[51]

Plus largement, il s'agit de réconcilier la souveraineté et la solidarité, en concevant la mobilité non comme un risque à contenir, mais comme une réalité humaine à gouverner avec justice et compassion.

---

[51] Voir : Nations Unies, Rapport du Secrétaire général sur les migrations internationales et le développement, A/79/280, 2024 ; Conseil des droits de l'homme, Rapport du Rapporteur spécial sur les droits de l'homme des migrants, A/HRC/ 56/67, 2024 ; Organisation internationale pour les migrations (OIM), World Migration Report 2024, Genève, 2024.

L'évolution récente du système onusien montre que la gouvernance normative des migrations ne repose plus uniquement sur les négociations intergouvernementales. Les organes conventionnels et les mécanismes d'experts jouent désormais un rôle croissant dans l'interprétation des obligations internationales et dans l'élaboration de lignes directrices destinées à orienter les politiques publiques des États.

Enfin, il convient de noter que l'amélioration de la gestion des frontières passe également par le renforcement des outils administratifs, en particulier la mise en place de registres d'état civil fiables et régulièrement actualisés, permettant une identification plus précise des personnes. La généralisation de ces mesures contribuerait à la fois à une gestion plus efficace des flux migratoires et à un meilleur accès des migrants aux services sociaux.

Dans le même temps, les déplacements internes sont reconnus comme une composante majeure des dynamiques migratoires contemporaines. La mise en œuvre effective des Principes directeurs relatifs au déplacement de personnes à l'intérieur de leur propre pays demeure, à cet égard, un impératif central pour garantir la protection des droits des personnes concernées.

Au-delà de ces dimensions opérationnelles, l'urgence est de faire évoluer le narratif sur les migrations.

Trop souvent appréhendés sous l'angle de la menace, les migrants doivent être reconnus comme des acteurs du développement, porteurs de contributions économiques, sociales et culturelles essentielles.

Dans cette perspective, les mécanismes internationaux des droits de l'homme, en particulier les procédures spéciales, ont un rôle déterminant à jouer, non seulement dans la consolidation du cadre normatif, mais aussi dans l'orientation concrète des politiques publiques vers des approches plus humaines, équilibrées et fondées sur la dignité.

C'est à cette condition que le multilatéralisme migratoire pourra pleinement répondre à sa vocation : non seulement organiser les flux, mais préserver la dignité humaine.

CHAPITRE 5

Orientation sexuelle et identité de genre : débats polarisés et votes systématiques

Les débats liés à « l'orientation sexuelle et à l'identité de genre », souvent désignés en anglais par l'acronyme (SOGI), représentent l'un des enjeux les plus sensibles du système international des droits de l'homme. Alors que le principe d'égalité et de non-discrimination est universellement reconnu, son application dans ce domaine provoque des débats intenses, révélant des divergences idéologiques, culturelles et religieuses. Ces débats mettent en lumière la tension entre universalisme des droits et souveraineté nationale, ainsi que la polarisation entre Sud global et pays conservateurs du Nord.[52]

---

[52] Voir : Conseil des droits de l'homme, Résolution sur la protection contre la violence et la discrimination fondées sur l'orientation sexuelle et l'identité de genre, A/HRC/56/L.6, 2024 ; Conseil des droits de l'homme, Rapport de l'Expert indépendant sur la protection contre la violence et la discri-mination fondées sur l'orientation sexuelle et l'identité de genre, A/HRC/56/49, 2024 ; Assemblée générale des Nations Unies, Résolution sur les droits de l'homme des personnes LGBTI+, A/RES/79/185, 2024 ; Conseil de l'Europe, Recom-mandation CM/Rec(2010)5 du Comité des ministres aux États membres sur les mesures visant à combattre la discrimination fondée sur l'orientation sexuelle ou l'identité de genre, 31 mars 2010 ; Commission interaméricaine des droits de l'homme, Report on Violence against LGBTI Persons in the Americas, Washington D.C., 2022.

Le Conseil des droits de l'homme (CDH) et la Troisième Commission de l'Assemblée générale constituent les principales enceintes où les questions SOGI sont examinées et votées.

Contrairement à d'autres thématiques souvent adoptées par consensus, les questions liées au SOGI donnent lieu à des votes systématiques, révélant une fracture structurelle au sein du système multilatéral.

Les thématiques les plus discutées incluent notamment :

– la criminalisation de l'homosexualité et la protection juridique des personnes LGBTQI+ ;

– la reconnaissance et la protection des identités transgenres ;

– la prévention des violences, discriminations et discours haineux fondés sur l'orientation sexuelle ou l'identité de genre.

La tribune des Nations Unies à New York est ainsi devenue, au fil des années, un espace d'expression privilégié pour les personnes LGBTQI+ et, plus largement, pour toutes celles dont l'orientation sexuelle ou l'identité de genre s'écartent de la norme majoritaire. Autour de ces enjeux, s'est formé un réseau d'États membres, d'organisations internationales et d'ONG œuvrant à la reconnaissance et à la protection des droits SOGI. Ces acteurs dénoncent les violences, la stigmatisation et les discriminations persistantes.

De plus en plus présentes dans les textes onusiens, les références aux questions SOGI traduisent une visibilité croissante, mais aussi une tension persistante entre reconnaissance normative et mise en œuvre effective.

Pour leurs promoteurs, ces questions ne consacrent pas de nouveaux droits, mais relèvent de l'application des droits existants à des situations spécifiques. Pour d'autres États, elles traduisent une extension normative qui ne fait pas l'objet d'un consensus international.

L'adoption de résolutions, la création de mandats de rapporteurs ou de mécanismes de suivi témoignent d'une dynamique institutionnelle réelle ; toutefois, la traduction concrète de ces engagements dans les législations nationales demeure inégale, souvent ralentie par des résistances sociales, religieuses ou politiques.[53]

Il en résulte une polarisation géopolitique durable.

D'un côté, un ensemble d'États, principalement d'Europe, des Amériques et quelques pays d'Afrique et du Pacifique, s'emploient à faire progresser les droits SOGI comme prolongement de l'universalité des droits de l'homme.

De l'autre, plusieurs pays d'Afrique, d'Asie ou du Moyen-Orient, parfois sous l'influence de doctrines

[53] Voir: ILGA World, State-Sponsored Homophobia Report 2024: Global Legislation Overview Update, Genève, 2024; Human Rights Watch, “This Alien Legacy”: 2023; Amnesty International, Pride Under Pressure: Human Rights and the Global Backlash against LGBTI Communities, 2024.

culturelles ou religieuses conservatrices, expriment leurs réserves, invoquant la souveraineté nationale, la diversité des valeurs et la préservation des traditions sociales.

Cette polarisation ne se limite toutefois pas à des lignes de fracture entre États. Dans certains pays, notamment parmi les grandes puissances, les positions exprimées dans les enceintes multilatérales peuvent évoluer au gré des alternances politiques internes et des administrations successives, illustrant le caractère à la fois politique, clivant et évolutif de ces questions[54].

Les votes illustrent cette géopolitique des valeurs :

Ainsi, au Conseil des droits de l'homme (CDH), les résolutions SOGI font régulièrement l'objet d'un vote nominal : Pour : 25 à 32 voix ; Contre : 10 à 15 voix ; Abstentions : 5 à 7 voix.

Un exemple récent est le vote de la Résolution sur la protection contre la violence et la discrimination fondées sur l'orientation sexuelle et l'identité de genre (2024) : adoptée par 30 voix pour, 12 contre et 5 abstentions.

La même fracture est notée à la Troisième Commission, même si les votes sont plus massifs : Pour : 120 à 130 voix ; Contre : 45 à 50 voix ; Abstentions : 10 à 15 voix.

---

[54] À titre d'illustration, les positions de certains États, notamment les États-Unis, sur les questions liées à l'orien-tation sexuelle et à l'identité de genre ont varié selon les administrations successives, mettant en évidence l'articulation entre dynamiques politiques internes et engagements mul-tilatéraux.

La Résolution sur les droits de l'homme des personnes LGBTI+ (2024) fut adoptée par 128 voix pour, 48 contre et 11 abstentions.

Ces résultats traduisent la résistance de certains États à l'intégration explicite des questions liées à l'orientation sexuelle et à l'identité de genre dans le cadre universel des droits de l'homme, tout en soulignant la résilience des mécanismes multilatéraux qui, sur la base des droits existants, continuent de documenter, protéger et promouvoir les droits de toutes les personnes, malgré des clivages persistants.

Le Sénégal exprime des réserves constantes sur les velléités d'insertion de l'agenda LGBTQI+ dans les instruments internationaux, conformément à ses valeurs religieuses, culturelles et sociétales, tout en réaffirmant son attachement à la dignité humaine et à la prévention de toute forme de violence ou de stigmatisation.

Tous les États reconnaissent en principe la nécessité de protéger la dignité humaine et de prévenir les violences. Mais les fractures apparaissent lors de la mise en œuvre concrète avec, notamment :

– des disparités dans les cadres juridiques nationaux ;

– un équilibre délicat entre recommandations internationales et respect de la souveraineté ;

– des divergences culturelles et religieuses dans la compréhension et la promotion de ces droits.

La question SOGI illustre ainsi le défi universel des droits de l'homme : concilier égalité, protection des minorités et diversité culturelle. Plus qu'un simple clivage thématique, la question SOGI révèle une tension structurelle du multilatéralisme contemporain : celle d'universaliser les droits tout en reconnaissant la pluralité des référents culturels, religieux et politiques.

L'avenir dépendra de la capacité de la communauté internationale à bâtir des ponts entre cultures et convictions, dans le respect de la dignité humaine et des valeurs socioculturelles de chaque peuple.[55]

[55] Voir: Jack Donnelly, Universal Human Rights in Theory and Practice, Cornell University Press, 2020;
M. Mutua, Human Rights: A Political and Cultural Critique, University of Pennsylvania Press, 2002.

CHAPITRE 6

La question israélo-palestinienne : un agenda permanent à résoudre

La question israélo-palestinienne constitue, depuis 1947, un fil rouge de la diplomatie multilatérale. Dès le Plan de partage (Résolution 181), elle s'impose comme un test de crédibilité du système onusien et du principe même d'égalité souveraine entre nations. L'Organisation des Nations Unies, en se dotant d'une Commission spéciale sur la Palestine (UNSCOP), puis d'une Agence pour les réfugiés palestiniens (UNRWA), a voulu traduire en action concrète son engagement pour un règlement juste et durable.

Pourtant, malgré la densité des résolutions et des débats, le statut de la Palestine, le droit au retour des réfugiés, et la souveraineté sur Jérusalem-Est demeurent des sujets de contentieux permanents, alimentant un sentiment d'injustice structurelle et d'asymétrie juridique dans le traitement du conflit.

Les organes des Nations Unies ont produit une jurisprudence normative dense : la Résolution 242 (1967), qui consacre le principe de retrait des territoires occupés, la Résolution 338 (1973), qui appelle à la mise en œuvre de la 242, et la Résolution 2334 (2016), qui condamne la colonisation.

Cependant, la fragmentation des approches entre New York et Genève illustre la tension entre droit international et rapport de force politique. À New York, la Troisième Commission traduit une lecture politico-diplomatique du conflit, centrée sur le dialogue et la recherche de consensus, alors qu'à Genève, le Conseil des droits de l'homme (CDH) adopte une approche plus juridique et accusatoire, focalisée sur les violations du droit humanitaire et du droit international des droits de l'homme.

À Genève, le Conseil des droits de l'homme consacre un point permanent (Point 7) à la situation des droits de l'homme dans les territoires palestiniens occupés, une singularité institutionnelle qui témoigne de la centralité du dossier dans la conscience onusienne. Depuis sa création en 2006, le Conseil a adopté de nombreuses résolutions condamnant les violations du droit international par la puissance occupante, appelant à la fin de la colonisation, à la protection des civils et à la suspension des transferts d'armes vers Israël.

Les votes y sont constants dans leur structure : une majorité de 25 à 30 États du Sud global (Afrique, Asie, Amérique latine) soutiennent les textes, tandis qu'un noyau dur occidental (États-Unis, Royaume-Uni, Allemagne, République tchèque, parfois France) s'y oppose ou s'abstient. Cette polarisation illustre la géo-politisation du droit : les pays du Sud défendent une lecture fondée sur le droit des peuples à disposer d'eux-mêmes, tandis que certains pays occidentaux invoquent la sélectivité et la politisation du Point 7. Malgré ces clivages, la tendance lourde demeure celle d'une approbation majoritaire et constante des résolutions sur la Palestine, traduisant une résilience diplomatique autour de la légalité internationale.

À New York, le débat est plus global et diplomatique, centré sur les droits fondamentaux, le droit à l'autodétermination, et le statut de la Palestine au sein du système onusien. Depuis les années 1970, la majorité des résolutions présentées à la Troisième Commission et reprises en Assemblée générale recueillent entre 120 et 145 voix pour, contre une dizaine de voix opposées (souvent Israël, États-Unis et quelques alliés) et une trentaine d'abstentions.

Cette configuration s'est peu modifiée dans le temps, traduisant un consensus global en faveur du peuple palestinien, mais aussi une stabilité des clivages : le Sud global, les pays arabes et non-alignés votent pour ; les pays occidentaux sont partagés entre abstention et opposition. Même lors des votes récents, qu'il s'agisse de la reconnaissance de l'État de Palestine, du droit à l'autodétermination, ou de la solution à deux États en 2025 (142 pour, 10 contre, 12 abstentions), le schéma reste le même : un large soutien politique, mais sans unanimité.

Ainsi, à la différence du CDH, où la dimension juridique et accusatoire domine, la Troisième Commission traduit une approche normative et politique, davantage tournée vers la symbolique du droit des peuples et la légitimité historique du combat palestinien.

La récurrence annuelle des résolutions, souvent adoptées à des majorités quasi identiques, traduit à la fois une résilience politique et un épuisement procédural.

L'absence d'évolution concrète sur le terrain conduit certains observateurs à parler d'un « multilatéralisme ritualisé », où les votes deviennent un exercice symbolique, sans traduction opérationnelle.

Les mécanismes de suivi demeurent déséquilibrés : les condamnations se multiplient, mais les mécanismes coercitifs restent inopérants. Ce décalage entre normativité et effectivité alimente le scepticisme des opinions publiques et renforce le sentiment d'impunité structurelle.

La normalisation entre Israël et plusieurs États arabes (Accords d'Abraham) a reconfiguré les équilibres diplomatiques, atténuant le bloc arabe traditionnel tout en renforçant le rôle des pays du Sud dans la défense du dossier. Malgré cela, la question palestinienne conserve une valeur identitaire et morale dans les enceintes onusiennes.

La relance du dossier passe par un renforcement du rôle des Nations Unies, à travers :

– la mise en œuvre effective des résolutions existantes ;

– la reconnaissance pleine de l'État de Palestine ;

– la convergence entre Genève et New York, pour articuler la juridicité du CDH avec la légitimité politique de la 3e Commission et de l'Assemblée générale.

La complémentarité entre le CDH, la Troisième Commission, la Cour pénale internationale et la Cour internationale de justice doit être exploitée pour rompre le cycle de l'impunité. Le recours à des mécanismes de justice transitionnelle (vérité, réparation, garanties de non-répétition) pourrait renouveler le cadre des négociations.

L'Afrique, forte de son histoire contre l'apartheid, incarne une diplomatie de principes et de constance.

Le Sénégal, à travers sa présidence du Comité pour l'exercice des droits inaliénables du peuple palestinien (CEDIPP)[56], demeure un acteur clé de la légitimité multilatérale, plaidant pour une paix juste et fondée sur le droit. Il s'inscrit dans une longue tradition de soutien au peuple palestinien, marquée par son engagement constant dans les instances onusiennes :

Au-delà de sa présidence du CEDIPP, le Senegal siège au Comité spécial chargé d'enquêter sur les pratiques israéliennes affectant les droits de l'homme dans les territoires occupés, et a co-présidé avec le Brésil le

---

[56] Le Comité pour l'exercice des droits inaliénables du peuple palestinien (CEIRPP), organe subsidiaire de l'Assem-blée générale des Nations Unies créé en 1975, est chargé de promouvoir la réalisation des droits du peuple palestinien, notamment le droit à l'autodétermination, à l'indépendance et au retour. Le Sénégal en assure actuellement la présidence.

Groupe de travail 7 sur le respect du droit international dans le cadre de la Conférence sur la solution à deux États, tenue en juillet et septembre 2025. Par cette constance, le Sénégal incarne la voix du Sud global en faveur d'un multila-téralisme fondé sur le droit, la justice et la solidarité historique avec le peuple palestinien.[57]

La question israélo-palestinienne reste un miroir des contradictions du système onusien : entre normes et réalités, entre constance des principes et inertie des pratiques. Loin d'être un « agenda sans issue », elle demeure une boussole morale mesurant la capacité des Nations Unies à défendre le droit face à la force. Les tendances de vote, stables depuis des décennies, rappellent qu'au-delà des clivages, un large consensus moral et politique subsiste en faveur des droits du peuple palestinien, mais que seule une volonté collective de mise en œuvre pourra transformer cette constance normative en solution concrète et durable.

La dynamique enclenchée depuis juillet 2025 à New York, dans le cadre de la Conférence sur la solution à

---

[57] Voir le discours de SEM le Président Bassirou Diomaye Faye, lors de la 80e session ordinaire de l'AG/ONU, en septembre 2025 quand il affirmait : « Nous ne pouvons ni nous taire, ni détourner notre regard. Gaza ne vit plus… Le Sénégal réitère sa ferme condamnation de cette tragédie que rien ne saurait justifier. » Au-delà du conflit en cours, ce plaidoyer réaffirme l'attachement du Sénégal à la dignité universelle et à la condamnation de toute forme de déshumanisation.

deux États et le règlement pacifique de la question de Palestine, crée une lueur d'espoir.

Il convient de saisir celle-ci avec détermination, afin de replacer le droit, la justice et la dignité humaine au cœur du règlement de la question de Palestine.

Toute autre initiative allant dans le même sens est la bienvenue, pourvu qu'elle s'inscrive dans le respect du droit international, des résolutions pertinentes des Nations Unies et du principe d'un règlement juste, durable et négocié.[58]

---

[58] Voir: United Nations High-Level International Conference on the Peaceful Settlement of the Question of Palestine and the Implementation of the Two-State Solution, New York, 17-19 juillet 2025.

CHAPITRE 7

La peine de mort : avancées et résistances

La peine de mort demeure l'un des sujets les plus polarisants du système international des droits de l'homme. Elle interroge la valeur de la vie humaine, la finalité de la justice pénale, et le degré d'universalité des droits fondamentaux. Au sein des Nations Unies, le débat s'articule autour d'un clivage central : la reconnaissance du droit à la vie comme absolu face au principe de souveraineté pénale des États.[59]

Depuis l'adoption du Pacte international relatif aux droits civils et politiques (PIDCP) (1966), la communauté internationale a progressivement consolidé un cadre normatif abolitionniste, renforcé par le Deuxième Protocole facultatif (1989) visant à l'abolition de la peine de mort. Pourtant, l'universalisation de cette norme demeure inachevée : près de 60 États maintiennent encore la peine capitale dans leur législation, et certains la réintroduisent ponctuellement pour crimes graves,

---

[59] Voir : Nations Unies, Assemblée générale, Résolution 79/179, « Moratoire sur l'application de la peine de mort », adoptée le 17 décembre 2024 ; Nations Unies, Rapport du Secrétaire général sur l'application de la résolution 77/222 intitulée « Moratoire sur l'emploi de la peine de mort », doc. A/79/276, 15 août 2024.

terrorisme ou trafic de drogue, invoquant des impératifs de justice, de sécurité ou de dissuasion.

Les organes onusiens ont progressivement bâti une architecture juridique abolitionniste, reposant sur le PIDCP (article 6)[60], le Deuxième Protocole facultatif, et les résolutions périodiques de l'Assemblée générale appelant à un moratoire universel. Le Secrétaire général et le Haut-Commissariat aux droits de l'homme publient régulièrement des rapports soulignant les tendances positives : baisse du nombre d'exécutions, extension des moratoires, adoption de réformes constitutionnelles, ou abolition de facto. Mais ces avancées coexistent avec une résistance persistante, fondée sur des arguments de culture juridique, de religion, ou de prérogatives souveraines.

À Genève, le Conseil des droits de l'homme (CDH) aborde la peine de mort dans le cadre de ses résolutions thématiques et du mécanisme d'examen périodique universel (EPU).

Les procédures spéciales insistent sur les garanties que sont :

---

[60] L'art. 6 du PIDCP consacre le droit inhérent à la vie et interdit toute privation arbitraire de la vie. Il ne consacre pas une abolition formelle de la peine de mort mais en encadre strictement l'usage en la limitant aux « crimes les plus graves », en exigeant le respect des garanties d'un procès équitable et en excluant son application aux mineurs et aux femmes enceintes. Le Comité des droits de l'homme a toutefois interprété cet article de manière évolutive, y voyant une orientation normative claire vers la restriction progressive puis l'abolition de la peine de mort.

– la limitation stricte aux crimes les plus graves ;

– l'interdiction pour les mineurs, les femmes enceintes, ou les personnes atteintes de troubles mentaux ; et

– la transparence dans les procédures judiciaires.

Les débats à Genève privilégient souvent la méthode du dialogue constructif au cours duquel les États abolitionnistes encouragent la réforme progressive, pendant que les États rétentionnistes revendiquent la diversité des systèmes juridiques.

Sur le plan des votes, les résolutions successives traduisent une évolution progressive mais encore clivée entre États abolitionnistes et États rétentionnistes :

2015 (Résolution 30/5) : 26 voix pour, 13 contre, 8 abstentions.

2017 (Résolution 36/17) : 27 pour, 13 contre, 7 abstentions.

2019 (Résolution 40/24) : 26 pour, 13 contre, 8 abstentions.

2021 (Résolution 46/17) : 28 pour, 12 contre, 7 abstentions.

2024 (Résolution 54/L.34) : 28 pour, 11 contre, 7 abstentions.

Le camp abolitionniste (Europe, Amérique latine, Afrique de l'Ouest, Pacifique) consolide sa majorité, tandis que les États rétentionnistes (certains d'Asie, du Moyen-Orient et une minorité d'Africains) demeurent constants dans leur opposition, invoquant la souveraineté pénale, les valeurs religieuses ou la dissuasion.[61] Le nombre d'abstentions (souvent 6 à 9) montre l'existence d'un espace de transition, regroupant des pays qui, sans avoir encore aboli la peine capitale, n'exécutent plus et adoptent une position prudente ou évolutive.

En somme, le CDH reflète la tendance mondiale : une majorité constante en faveur de l'abolition et une minorité rétentionniste stable. Cela traduit une évolution lente mais irréversible vers la reconnaissance universelle du droit à la vie.[62]

À New York, la Troisième Commission constitue le principal forum politique du débat sur la peine de mort. Depuis 2007, elle adopte tous les deux ans une résolution sur le moratoire universel.

Les votes révèlent une fracture persistante. En effet, depuis le premier vote de 2007 sur la résolution de moratoire universel, la Troisième Commission enregistre

---

[61] Voir: Cornell Center on the Death Penalty Worldwide, Global Overview of Abolitionist and Retentionist States, Ithaca (NY), consulté en octobre 2025; International Com-mission Against the Death Penalty (ICDP), Annual Review 2023, Genève, 2024; World Coalition Against the Death Penalty, Regional Trends and Perspectives 2024, Paris, 2024.

[62] Voir: Amnesty International, Rapport mondial 2024/25: La situation des droits de l'homme dans le monde, Londres, 2024, chapitre « Peine de mort »; World Coalition Against the Death Penalty, The 10th UNGA Resolution for a Moratorium on the Death Penalty: Two Thirds in Favor, communiqué du 20 décembre 2024

une progression régulière du soutien abolitionniste. Cette progression se manifeste comme suit :

2007 : 99 voix pour, 52 contre, 33 abstentions

2014 : 117 pour, 40 contre, 31 abstentions

2018 : 121 pour, 35 contre, 32 abstentions

2020 : 123 pour, 38 contre, 24 abstentions

2022 : 125 pour, 37 contre, 22 abstentions

2024 : 130 pour, 32 contre, 22 abstentions

Cette évolution illustre un élargissement constant du front abolitionniste et une réduction progressive du nombre d'opposants, tandis qu'un noyau d'abstentionnistes, souvent des États en transition ou prudents, demeure stable.

La résolution A/RES/79/179, adoptée par l'Assemblée générale le 17 décembre 2024, prolonge le mouvement amorcé depuis 2007 en faveur d'un moratoire universel sur l'application de la peine de mort. Elle réaffirme que toute exécution constitue une atteinte irréversible à la dignité humaine et souligne l'absence de preuve du caractère dissuasif de la peine de mort.

Au-delà de la portée symbolique, le texte consolide le consensus normatif autour du droit à la vie comme valeur centrale du système international des droits de l'homme. Il insiste sur la transparence des États, la collecte de données ventilées, et la protection des catégories vulnérables que sont les mineurs, les femmes enceintes, les personnes souffrant de troubles mentaux ou les ressortissants étrangers privés de garanties consulaires.

La résolution met également en avant le rôle des institutions nationales et des organisations de la société civile dans la sensibilisation et la mise en œuvre progressive des moratoires. En appui, le rapport du Secrétaire général (A/79/276, 2024) note une diminution globale des exécutions, malgré une résurgence ponctuelle dans certaines régions.

Dans l'ensemble, la résolution A/RES/79/179 confirme l'émergence d'un standard international en faveur de l'abolition, sans pour autant effacer le clivage entre les tenants de la souveraineté pénale et les partisans de l'universalité du droit à la vie. Elle témoigne d'un multilatéralisme normatif en progrès, qui voit le respect de la dignité humaine s'imposer peu à peu comme principe commun de justice.

Traditionnelle pomme de discorde, la résolution sur le moratoire sur l'application de la peine de mort[63] a encore divisé la Troisième Commission en 2024. Présenté par l'Italie, le texte a été amendé par un paragraphe réaffirmant « le droit souverain de tous les pays d'établir leur propre système juridique et de déterminer les peines appropriées, conformément aux obligations que leur impose le droit international ». Cet amendement a été adopté par 105 voix pour, 65 contre et 13 abstentions.

---

[63] Résolution A/C.3/79/L.37/REV.1.

Subséquemment, la résolution tel qu'amendée a été entérinée par 131 voix pour, 36 contre et 21 abstentions. Outre son appel à instituer un moratoire, la résolution exhorte les États à faire régner la transparence en ce qui concerne l'imposition et l'application de la peine de mort.

Le clivage reste classique : les pays abolitionnistes plaident pour un moratoire universel et une transparence accrue, tandis que les États rétentionnistes invoquent la souveraineté pénale et la diversité des systèmes juridiques.

L'Union européenne et plusieurs pays occidentaux ont dénoncé un amendement jugé contraire à l'universalité des droits de l'homme, alors que des États d'Asie, d'Afrique et du Moyen-Orient ont défendu une approche fondée sur le respect des contextes nationaux.

Les États-Unis, enfin, ont rappelé que la peine capitale ne constituait pas en soi une violation des droits de l'homme, et ils ont déclaré maintenir un moratoire fédéral sur les exécutions, en attendant la révision des politiques et procédures du ministère de la Justice.[64]

Ainsi, le vote new-yorkais traduit une tendance mondiale irréversible : celle-ci voit la peine de mort reculer diplomatiquement, même si les clivages culturels,

---

[64] Voir: United States Mission to the United Nations, "Explanation of Vote on a Third Committee Resolution on Moratorium on the Use of the Death Penalty", 18 Novembre 2024. usun.usmission.gov;
United States Department of Justice, "Attorney General Merrick B. Garland Imposes a Moratorium on Federal Executions; Orders Review of Policies and Procedures", 1 Juillet 2021.

religieux et souverainistes persistent. Les pays qui s'opposent de façon récurrente à son abolition invoquent le principe de souveraineté, le respect des traditions nationales ou la nécessité d'une justice dissuasive. Les abstentions des pays africains traduisent souvent une évolution progressive : plusieurs États, bien qu'encore rétentionnistes, n'appliquent plus la peine capitale depuis plusieurs années.

L'évolution mondiale s'inscrit dans une dynamique d'abolition graduelle : l'Europe et l'Amérique latine sont désormais des zones abolitionnistes totales, l'Afrique progresse rapidement, tandis que l'Asie et le Moyen-Orient concentrent encore la majorité des exécutions. Les résistances à l'abolition s'expliquent par l'invocation de la souveraineté judiciaire, la pression de l'opinion publique, la lecture religieuse du droit pénal, ou des contextes politiques marqués par le populisme pénal.

Le continent africain illustre la complexité du chemin vers l'abolition. On y trouve, d'un côté, une tendance abolitionniste croissante, soutenue par les mécanismes régionaux et de l'autre, une résistance ponctuelle motivée par les contextes sécuritaires.

Le Sénégal, pionnier de l'abolition en 2004, plaide pour une justice restaurative respectueuse de la dignité humaine, et soutient systématiquement les résolutions onusiennes sur le moratoire universel. À travers ses positions à la Troisième Commission, au CDH et à l'EPU, il incarne la voix d'un Sud réformateur, articulant valeurs universelles et réalités locales.

Malgré les avancées significatives, l'abolition universelle reste un objectif à atteindre plus qu'une réalité.

Les fractures Nord-Sud, religieuses et culturelles continuent d'alimenter des votes clivés. Pourtant, la tendance de fond demeure favorable : chaque nouvelle session enregistre plus de voix pour, confirmant une évolution graduelle vers l'universalisation du droit à la vie.

La question de la peine de mort illustre les limites du consensus universel : elle révèle à la fois les avancées du multilatéralisme normatif et la résistance des souverainetés pénales.[65] Pour transformer les moratoires politiques en abolition juridique, il faudra poursuivre le dialogue interculturel, renforcer l'assistance technique, et consolider la pédagogie des droits de l'homme. L'abolition n'est plus une utopie ; elle est devenue le baromètre du degré d'humanité des systèmes judiciaires actuels.

---

[65] Roger Hood & Carolyn Hoyle, The Death Penalty: A Worldwide Perspective, 5e edition, Oxford University Press, Oxford, 2015, 480 p.

CHAPITRE 8

Droits des femmes et égalité de genre : un consensus de façade

La promotion des droits des femmes et de l'égalité de genre est au cœur du système onusien depuis la Charte de 1945, qui proclame l'égalité entre les sexes comme principe fondateur. De la Commission de la condition de la femme (CSW) à la création d'ONU-Femmes en 2010, en passant par les Conférences mondiales de Mexico (1975), Copenhague (1980), Nairobi (1985) et Beijing (1995), l'agenda international pour l'égalité a connu une institutionnalisation progressive.

Cependant, derrière l'apparente universalité des engagements, du Programme d'action de Beijing aux Objectifs de développement durable (ODD 5), persistent de profondes divergences entre États membres sur :

– le contenu normatif de l'égalité de genre ;

– la portée des droits sexuels et reproductifs ; et

– l'interprétation culturelle ou religieuse des rôles de genre.

Ainsi, le consensus affiché dans les textes masque des fractures doctrinales, révélées lors des négociations, amendements et votes dans les instances onusiennes.

La Convention sur l'élimination de toutes les formes de discrimination à l'égard des femmes (CEDAW), adoptée en 1979 et entrée en vigueur en 1981, constitue la pierre angulaire du dispositif onusien. Ratifiée par 189 États, elle impose aux Parties d'interdire toute discrimination fondée sur le sexe, d'adopter des mesures législatives et politiques pour l'égalité réelle, et de garantir la participation pleine et entière des femmes dans la vie publique et privée.

Mais les réserves massives formulées, souvent sur les articles relatifs à la famille, au mariage, à la succession ou à la citoyenneté, témoignent de la résistance des traditions juridiques, religieuses ou coutumières. Certains États invoquent la compatibilité avec la charia ou le droit coutumier, limitant ainsi la portée universelle de la Convention. Il s'agit donc d'un cadre normatif universel mais contesté.

Le Programme d'action de Beijing (1995), adopté par 189 gouvernements, a marqué une étape historique, en affirmant que les droits des femmes sont des droits humains.

Il repose sur douze domaines prioritaires parmi lesquels il y a la pauvreté, l'éducation, la santé, la violence, l'économie, le pouvoir et l'environnement et constitue la référence pour l'ensemble des politiques de genre.

Dans sa déclaration faite à New York, le 22 septembre 2025, à l'occasion du 30e anniversaire de la Conférence mondiale sur les femmes (Beijing+30), S.E

Monsieur le Président Bassirou Diomaye Faye, a réaffirmé l'engagement du Sénégal en faveur de l'égalité des sexes et de l'autonomisation des femmes.

S'inspirant du Programme d'action de Beijing, il a souligné les avancées réalisées et la nécessité d'évaluer régulièrement les politiques publiques pour bâtir une société plus juste et inclusive. Il a souligné qu'à travers la Vision Sénégal 2050, le pays œuvre à lever les obstacles persistants à l'égalité, notamment en matière d'éducation, de participation économique et politique, et de lutte contre les violences basées sur le genre. Le President sénégalais a enfin appelé à une mobilisation collective pour préparer les générations futures à vivre dans un monde plus égalitaire et harmonieux.

Les ODD 2030, notamment l'ODD 5, réaffirment cette ambition, mais la mise en œuvre reste inégale et politisée. Certains États contestent les notions de « genre », « autonomisation », ou « santé sexuelle et reproductive », jugées contraires à leurs valeurs culturelles ou religieuses.

À Genève, le Conseil des droits de l'homme (CDH) aborde la question du genre à travers :

– le Groupe de travail sur la discrimination à l'égard des femmes et des filles ;

– le Rapporteur spécial sur la violence à l'égard des femmes ;

– les résolutions thématiques sur l'autonomisation, la participation politique, ou la lutte contre la violence.[66]

Les résolutions sur la violence basée sur le genre, la discrimination dans la loi et la pratique, ou la promotion des droits sexuels et reproductifs y sont souvent adoptées à la majorité, mais rarement par consensus.

Comme exemples, il y a :

– la résolution 41/6 (2019) sur la discrimination contre les femmes, adoptée par 33 voix pour, 2 contre, 12 abstentions ;

– la résolution 50/16 (2022) sur l'élimination de la discrimination, adoptée par 29 voix pour, 6 contre, 12 abstentions.

Les oppositions émanent principalement d'États invoquant le respect des valeurs culturelles, religieuses ou familiales, tandis que les pays européens, latino-américains et africains francophones défendent une approche universaliste et égalitaire.

À New York, la Troisième Commission et la Commission de la condition de la femme (CSW) sont les

---

[66] Voir : Conseil des droits de l'homme, Rapport du Groupe de travail sur la discrimination à l'égard des femmes et des filles, A/HRC/55/40, 28 février 2023 ; Conseil des droits de l'homme, Rapport de la Rapporteuse spéciale sur la violence à l'égard des femmes et des filles, ses causes et ses consé-quences, A/HRC/56/34, 2 avril 2024 ; Conseil des droits de l'homme, Résolution 53/7, « Élimination de la discrimination à l'égard des femmes et des filles », adoptée le 12 juillet 2023.

deux arènes principales du débat sur l'égalité de genre. Chaque année, la CSW adopte des « Agreed Conclusions »[67], censées refléter un consensus mondial. Mais les négociations sont devenues de plus en plus polarisées, notamment sur :

– les références à la santé et aux droits sexuels et reproductifs ;

– la mention du « genre » comme concept inclusif ;

– la reconnaissance de la diversité des structures familiales.

Plusieurs sessions récentes (2021, 2022, 2023) ont failli échouer à adopter des conclusions, faute d'accord entre les pays progressistes (UE, Canada, Amérique latine, Afrique de l'Ouest francophone) et les pays conservateurs (OCI, Europe de l'Est, quelques États africains et asiatiques).

Lors des votes en Troisième Commission, les résolutions sur les femmes rurales, la violence domestique ou

---

[67] Les « Agreed Conclusions » (conclusions concertées) constituent les textes finaux adoptés par la Commission de la condition de la femme (CSW) à l'issue de ses sessions annuelles. Elles énoncent les orientations politiques, recom-mandations et engagements pris par les États membres en matière d'égalité de genre et d'autonomisation des femmes.
Voir: United Nations Commission on the Status of Women (CSW), Agreed Conclusions of the Sixty-eighth Session (2024): Accelerating the Achievement of Gender Equality and the Empowerment of All Women and Girls by Addressing Poverty and Strengthening Institutions and Financing with a Gender Perspective, E/CN.6/2024/L.3.

la participation politique sont largement soutenues. Mais celles incluant des références explicites au genre ou à la santé reproductive recueillent souvent des votes partagés ou des amendements restrictifs.

Ainsi à sa soixante-dix-neuvième session, la Troisième Commission a examiné, au point 27 de son ordre du jour intitulé « Promotion des femmes », trois projets de résolution sur :

– la traite des femmes et des filles ;

– l'élimination des mutilations génitales féminines ;

– la prévention des violences à l'égard des femmes et des filles dans l'environnement numérique.

Les deux premiers ont été adoptés par consensus et le troisième après vote.

L'examen du troisième projet a donné lieu à dix propositions d'amendements et à d'importants débats de fond. Le texte entendait renforcer la lutte contre les violences faites aux femmes et aux filles dans l'espace numérique, notamment le harcèlement, les discours de haine et les abus liés à la diffusion d'images ou d'informations personnelles.

Toutefois, plusieurs délégations, dont celle du Sénégal, ont exprimé des réserves quant à l'emploi de formulations jugées non consensuelles, telles que « formes de discrimination multiples et croisées »[68] ou « droits

---

[68] L'expression « formes multiples et croisées de discrimi-nation », traduite de l'anglais "multiple and intersecting forms of

reproductifs », estimant qu'elles introduisaient des notions controversées liées à l'agenda LGBTQ+ et au droit à l'avortement.

Dans une déclaration nationale, la délégation sénégalaise a rappelé que les résultats de conférences ou forums organisés par des agences onusiennes, tels que le Forum Génération Égalité, ne sauraient modifier les consensus intergouvernementaux de l'Assemblée générale. Sur cette base, elle s'est abstenue lors du vote final. La résolution a néanmoins été adoptée par 170 voix pour, 1 contre (Argentine) et 13 abstentions, illustrant une fois de plus la fracture persistante entre le Nord global et plusieurs pays du Sud sur les questions de genre, de diversité et de valeurs sociétales.

La famille est au cœur des débats sur l'égalité de genre. Plusieurs États défendent une approche fondée sur la complémentarité des rôles, estimant que la femme demeure avant tout gardienne des valeurs familiales et culturelles.

Le groupe des pays membres de l'Organisation de la coopération islamique (OCI), ainsi que certains États du Groupe africain et de l'Europe de l'Est, soutiennent régulièrement des résolutions alternatives mettant en avant la famille comme unité naturelle et fondamentale

---

discrimination", désigne les situations où plusieurs formes de discrimination se combinent (par exemple selon le sexe, l'origine, l'âge ou le handicap) et s'entrecroisent, créant des effets spécifiques et aggravés d'exclusion ou de vulnérabilité.

de la société.[69] Ces positions traduisent la recherche d'un équilibre délicat entre la reconnaissance universelle des droits des femmes et la préservation des valeurs sociales et religieuses propres à chaque contexte national.

Il convient aussi de relever que le thème des droits sexuels et reproductifs cristallise les clivages les plus forts. Certains États (États-Unis sous administrations conservatrices, pays du Golfe, Vatican, Europe de l'Est) rejettent les termes « droits sexuels » ou « éducation sexuelle complète », tandis que d'autres (UE, Amérique latine) plaident pour leur reconnaissance comme droits de l'homme fondamentaux. **(cf. Chapitre 9)**.

Les votes enregistrés montrent une polarisation accrue depuis 2016, avec un noyau dur d'opposants et un bloc de défenseurs constants, rendant le consensus quasi impossible.

L'Afrique se situe à la croisée des dynamiques : plusieurs pays s'engagent pour l'autonomisation économique et politique des femmes, tandis que d'autres

---

[69] Voir : Organisation de la coopération islamique (OCI), Plan d'action décennal pour la promotion de la femme dans les États membres de l'OCI (2016-2025), Djeddah, 2016 ; OCI – Commission permanente indépendante des droits de l'homme (IPHRC), Report on the Rôle of Women in the Family and Society, Djeddah, 2022 ; Arab Center for Konrad-Adenauer-Stiftung, Family Values and Gender Policies in Eastern Europe, Berlin, 2022 ; African Union Development Agency (AUDA-NEPAD), Policy Brief on Gender and Family in Africa's Development Agenda, Johannesburg, 2023.

affichent des réserves sur les questions sociétales, notamment liées au genre ou à la famille.

Le Sénégal, fidèle à sa diplomatie d'équilibre, soutient les résolutions universelles sur l'égalité, tout en rappelant la nécessité d'un ancrage culturel et spirituel. Son engagement à la CSW, au CDH, et à la Troisième Commission illustre une diplomatie de dialogue, conciliant valeurs nationales et engagements internationaux.

Le pays rejette aussi les notions « droits sexuels et reproductifs » et promeut l'expression « droits reproductifs conformément au Programme d'action de la Conférence internationale sur la population et le développement » afin de réaffirmer sa pleine souveraineté sur le traitement des questions de populations.

La question de l'égalité de genre illustre le paradoxe du multilatéralisme contemporain : il y a un consensus de principe sur les normes universelles, mais des fractures persistent sur l'interprétation, la mise en œuvre et même le vocabulaire.

Un exemple récent de ce paradoxe est apparu lors de la 70e session de la Commission de la condition de la femme (CSW70), tenue à New York en mars 2026, sur le thème de l'accès des femmes et des filles à la justice.

Les négociations sur les conclusions concertées ont confirmé la persistance de clivages entre délégations sur plusieurs questions sensibles, notamment les références à la santé et aux droits sexuels et reproductifs, la terminologie relative aux formes de discrimination et l'intégration de nouvelles problématiques liées aux technologies numériques.

Si un compromis a finalement pu être obtenu grâce à l'introduction de références aux « priorités et réalités nationales », plusieurs délégations ont continué de plaider pour un encadrement plus explicite de certaines notions jugées politiquement sensibles.

La CSW70 a également illustré l'émergence de nouveaux enjeux dans l'agenda international du genre, tels que les violences facilitées par la technologie, les biais algorithmiques dans les systèmes judiciaires et les défis liés à la justice numérique, confirmant l'évolution rapide du champ des politiques d'égalité.

En ce sens, l'égalité demeure en quête d'universalité, oscillant entre ambition normative et diversité des contextes culturels.[70] Malgré les divergences, la tendance globale reste positive avec :

– la montée en puissance d'ONU-Femmes ;

– l'adoption de législations nationales ;

– les progrès dans la représentation politique des femmes et leur accès à l'éducation.

Mais pour transformer le consensus apparent en égalité réelle, il faudra :

---

[70] Voir: ONU Femmes, Progress of the World's Women 2023-2024: Gender Equality in a Changing World, New York, 2024; Brookings Institution, The Future of Gender Equality: Global Norms and Local Realities, Washington D.C., 2023.

– renforcer le dialogue interculturel ;

– consolider le financement international du genre ;

– garantir la cohérence des politiques publiques entre niveaux global, régional et national.

L'égalité de genre demeure ainsi un laboratoire de la gouvernance mondiale des droits de l'homme : entre valeurs partagées et résistances enracinées, entre affirmation normative et réalité politique.[71]

[71] The Lancet Global Health. "Gender Equality and the Politics of Rights": Beyond Rhetoric vol. 12, n° 8, 2024.

CHAPITRE 9

Santé et droits sexuels et reproductifs : entre universalité et particularismes

Les droits sexuels et reproductifs (DSR) occupent une place singulière dans le système international des droits de l'homme. À la croisée de la santé, de la famille, de la religion et de la morale publique, ils révèlent des fractures profondes entre États et cultures sur la définition même de la dignité, de l'autonomie et de la vie.

Pour certains États, les DSR relèvent de droits fondamentaux, intrinsèquement liés au droit à la santé, à la vie privée et à l'égalité. Pour d'autres, ils touchent à des questions éthiques, religieuses ou culturelles qui ne peuvent faire l'objet d'une norme universelle sans porter atteinte à la souveraineté morale des nations.

Les débats onusiens oscillent ainsi entre deux pôles, à savoir :

– une approche universaliste et progressiste, centrée sur l'autonomie corporelle et la liberté de choix ; et

– une approche particulariste et conservatrice, attachée à la protection de la famille, à la prise en compte des traditions culturelles et religieuses, à la préservation des équilibres sociaux et à la compétence des États pour encadrer ces questions sensibles en fonction de leurs valeurs propres.

Du Caire à Beijing

La Conférence internationale sur la population et le développement (CIPD), tenue au **Caire en 1994**, a marqué une étape décisive avec la reconnaissance de la santé reproductive comme droit. Pour la première fois, les États ont reconnu que la santé reproductive incluait le droit de toute personne à décider librement, et de manière responsable, du nombre des enfants et de l'espacement des naissances, et que la santé sexuelle faisait partie intégrante du droit au meilleur état de santé possible.

Mais le Programme d'action du Caire est le fruit d'un compromis délicat, subordonnant la mise en œuvre des politiques à la souveraineté nationale et au respect des valeurs religieuses et culturelles.

Un an plus tard, la Conférence mondiale sur les femmes tenue à **Beijing en 1995,** a consolidé l'approche qui a permis d'arriver à un compromis au Caire, en plaçant la santé sexuelle et reproductive au cœur de l'autonomisation des femmes.

L'article 96 du Programme d'action de Beijing affirme que l'accès aux soins, à l'éducation sexuelle et à la planification familiale est essentiel à l'égalité de genre.

Les Programmes d'action du Caire et de Beijing restent les références cardinales du système onusien. Mais leur interprétation varie fortement selon les contextes politiques et religieux.

Dans de nombreux pays, des avancées significatives ont été réalisées au cours des dernières décennies, comme :

– la légalisation de l'interruption volontaire de grossesse (IVG) ;

– la reconnaissance du droit à l'éducation sexuelle ;

– l'intégration de la santé reproductive dans les politiques publiques.

Mais dans d'autres États, ont été engagées des dynamiques différentes telles que :

– les restrictions sur l'avortement ;

– l'interdiction des programmes d'éducation sexuelle ;

– l'opposition à la mention des DSR dans les résolutions internationales.

Ces dynamiques opposées traduisent la montée d'une gouvernance morale mondiale, où la religion, la tradition et la politique s'entrecroisent.

« Genre et sexualité »

Les notions de « genre », de « santé sexuelle » et de « diversité » divisent profondément. Certains États y voient une reconnaissance des droits des femmes et des minorités, d'autres une importation culturelle occidentale. Le Saint-Siège, les pays membres de l'Organisation de la coopération islamique (OCI), et plusieurs pays d'Europe de l'Est plaident pour un langage neutre ou la suppression, tandis que l'Union européenne et l'Amérique latine défendent une formulation explicite.

À Genève, le Conseil des droits de l'homme (CDH) aborde les DSR à travers le droit à la santé, la non-discrimination et l'égalité de genre. Plusieurs résolutions emblématiques ont été adoptées comme :

– la Rés. 42/21 (2019) sur la santé sexuelle et reproductive ;

– la Rés. 51/19 (2022) sur l'accès universel aux services de santé reproductive.

Les votes traduisent une polarisation croissante que voici :

– la Rés. 42/21 (2019) : 26 voix pour, 11 contre, 10 abstentions ;

– la Rés. 51/19 (2022) : 27 pour, 8 contre, 12 abstentions.

Les oppositions proviennent surtout de pays invoquant la souveraineté nationale, le respect de la vie ou le cadre religieux.

À New York, à la Troisième Commission, les DSR sont souvent intégrés dans des résolutions thématiques : sur les femmes et filles rurales, la santé maternelle, ou les jeunes et l'éducation sexuelle. Mais chaque mention du terme « sexual and reproductive health and rights » (SRHR) donne lieu à des négociations acharnées. Des amendements de suppression ou déclarations interprétatives sont fréquents, notamment de la part des pays membres de l'OCI, des États-Unis (sous administrations conservatrices), de la Russie ou de la Pologne.

Les votes finaux aboutissent souvent à une majorité confortable, mais sans consensus, les fractures idéologiques restant visibles.

Les débats récents au sein de la Commission de la condition de la femme confirment ces lignes de fracture.

Lors de la soixante-dixième session de la Commission de la condition de la femme (CSW70), consacrée à l'accès à la justice pour les femmes et les filles, en mars 2026, les discussions ont une nouvelle fois révélé des divergences profondes sur la terminologie relative à la santé sexuelle et reproductive. Plusieurs délégations ont insisté pour que toute référence à ces questions soit explicitement replacée dans le cadre des lois, politiques publiques et priorités nationales, tandis que d'autres plaidaient pour une reconnaissance plus explicite de l'autonomie corporelle et des droits reproductifs.

Le compromis finalement retenu a introduit une référence aux « réalités nationales et aux différents niveaux de développement », illustrant la recherche constante d'un équilibre entre universalité normative et diversité des contextes culturels et juridiques.

À ce propos, il est intéressant de s'arrêter un peu sur le rôle de l'Afrique et du Sud global.

L'Afrique, longtemps perçue comme terrain d'enjeux démographiques, affirme de plus en plus une voix normative sur les DSR. Le Protocole de Maputo (2003), adopté dans le cadre de l'Union africaine, reconnaît le droit à l'avortement médicalisé dans certaines circonstances (viol, inceste, danger pour la santé). Cette pionnière régionalisation des DSR inspire les débats onusiens.

Fidèle à sa diplomatie du juste milieu, le Sénégal met en avant :

– la promotion d'une santé maternelle et infantile renforcée ;

– la planification familiale volontaire ; et

– une éducation à la santé adaptée aux contextes culturels.

Son approche concilie valeurs spirituelles et droits universels, privilégiant le dialogue interculturel plutôt que la confrontation idéologique. Mais, le Sénégal n'en demeure pas moins clair dans ses positions.

Lorsqu'il est fait mention du respect des droits sexuels et reproductifs, la seule formulation acceptable consiste à préciser l'expression « conformément aux lois et politiques nationales ».

En effet, certaines publications d'agences et de partenaires du système des Nations Unies tendent à définir la santé sexuelle et reproductive dans un sens élargi, y intégrant des notions telles que les questions LGBT, les droits sexuels des enfants, l'éducation sexuelle complète ou encore les interventions médicales liées aux personnes transgenres.

Dans ce contexte, il appartient aux États membres de clarifier ces termes par voie d'amendement ou de déclaration interprétative, afin d'éviter toute ambiguïté. L'Organisation des Nations Unies n'a pas vocation à introduire des interprétations susceptibles d'être perçues comme une sexualisation précoce des enfants.

À défaut d'une telle clarification, les États risquent d'entériner implicitement la compréhension élargie de ces notions au sein du système onusien. En effet, le projet de conclusions de la Commission du droit international

(CDI) sur l'identification du droit international coutumier souligne que le libellé des résolutions des Nations Unies, ainsi que leur mise en œuvre par les agences spécialisées, peuvent contribuer à interpréter les traités existants ou à façonner de nouvelles normes coutumières internationales.[72]

Le respect des droits sexuels et reproductifs demeure un marqueur des tensions normatives au sein du multilatéralisme : d'un côté, un mouvement global en faveur de l'autonomie et de la santé des femmes ; de l'autre, des résistances persistantes fondées sur la souveraineté morale et culturelle.

Cette polarisation ne se limite plus aux seules questions de santé reproductive ou d'éducation sexuelle. Elle s'étend désormais à de nouveaux domaines, tels que la régulation des technologies numériques, la lutte contre les violences facilitées par la technologie et l'accès en ligne à l'information sur la santé, autant de sujets qui ont également émergé dans les débats récents de la CSW70, en mars 2026.

Sous ce rapport, les débats récents au sein de la Commission de la condition de la femme montrent que les tensions ne s'atténuent pas, mais qu'elles tendent

[72] Voir: Directives de la CDI sur le droit international cou-tumier, document A/73/10); International Law Association (ILA), Final Report of the Committee on Formation of Customary (General) International Law, Londres, 2000, § 16-25.

au contraire à se déplacer vers de nouveaux terrains normatifs. Dans ce contexte, la recherche d'un langage diplomatique équilibré, respectueux à la fois des engagements internationaux et des réalités nationales, demeure l'une des clés du fonctionnement du multilatéralisme contemporain.

Pour progresser vers un consensus, il faudra :

– dépolitiser le langage, en privilégiant les références aux droits existants ;

– renforcer la coopération Nord-Sud, pour bâtir un consensus culturellement inclusif ;

– placer la santé et la dignité au cœur de toute politique publique.

Réconcilier universalité et particularisme, c'est reconnaître que la promotion de la santé sexuelle et reproductive n'est pas une idéologie, mais une condition de liberté, d'égalité et de justice, qui doit s'exercer dans le respect des valeurs religieuses, culturelles et spirituelles de chaque nation[73].

---

[73] Cette approche est corroborée notamment par le Program-me d'action de la Conférence internationale sur la population et le développement et la Conférence mondiale sur les femmes. Ces cadres reconnaissent à la fois l'universalité des droits fondamentaux et la nécessité de leur mise en œuvre dans le respect des contextes culturels, religieux et nationaux, conformément aux principes des souverainetés et diversités des valeurs.

CHAPITRE 10

Droits de l'enfant : entre autonomie progressive et autorité parentale

La reconnaissance de l'enfant comme titulaire de droits constitue l'un des acquis majeurs du droit international contemporain. Longtemps considéré comme objet de protection, l'enfant est désormais perçu comme un acteur juridique à part entière, détenteur de droits civils, politiques, économiques, sociaux et culturels.

Cette mutation s'est concrétisée avec l'adoption, le 20 mars 1989, de la Convention relative aux droits de l'enfant (**CDE**), instrument universellement ratifié à l'exception des États-Unis d'Amérique. La CDE s'impose comme le traité le plus universellement accepté du système onusien, reflétant un consensus mondial inédit sur la dignité, la protection et le développement intégral de l'enfant.

Elle repose sur quatre principes directeurs :

1. La non-discrimination (article 2) ;

2. L'intérêt supérieur de l'enfant (article 3) ;

3. Le droit à la vie, à la survie et au développement (article 6) ;

4. Le respect des opinions de l'enfant (article 12).

Mais derrière cette unanimité normative se profilent des divergences interprétatives. L'application concrète des dispositions relatives à la participation de l'enfant, à son autonomie morale et juridique, ou à sa liberté de conscience et de religion, révèle des tensions entre droits individuels émergents et prérogatives parentales, approche universaliste et ancrages culturels ou religieux, éthique de la protection et philosophie de l'émancipation.

À la suite de l'adoption de **la CDE,** trois protocoles facultatifs sont venus élargir le champ de protection de l'enfant. Ils portent sur :

– la vente d'enfants, la prostitution et la pornographie infantiles (2000) ;

– l'implication des enfants dans les conflits armés (2000) ;

– l'institution d'une procédure de communications individuelles.

Ces instruments traduisent une progression vers la justiciabilité des droits de l'enfant. Toutefois, les ratifications inégales et la mise en œuvre différenciée soulignent l'existence d'un pluralisme d'engagements entre régions.

L'interprétation du Comité des droits de l'enfant

Les Observations générales du Comité, notamment le n° 12 (2009)[74] sur le droit d'être entendu, ont contribué à préciser le concept d'autonomie progressive : « L'exer-

[74] L'0bservation générale numéro 12 précise la portée de l'article 12 de la Convention relative aux droits de l'enfant, en affirmant que les États doivent garantir à l'enfant capable de discernement le droit d'exprimer librement son opinion sur toute question l'intéressant, celle-ci devant être dûment prise en considération en fonction de son âge et de sa maturité.

cice des droits de l'enfant doit être proportionné à son âge et à son degré de maturité. » Cette approche graduelle, inspirée du droit civil comparé, vise à concilier la reconnaissance de la personnalité juridique de l'enfant avec la nécessité d'un encadrement éducatif. Elle demeure toutefois controversée : certains États y voient une porte ouverte à une autonomie prématurée, d'autres un outil de responsabilisation citoyenne.

La dialectique entre autonomie progressive et autorité parentale est au cœur du débat sur la mise en œuvre des droits de l'enfant. Loin d'être antagonistes, les deux notions constituent les piliers complémentaires d'un même processus éducatif :

– l'autonomie renvoie à la capacité croissante de discernement et de choix ;

– l'autorité parentale exprime la responsabilité première d'éducation, de protection et de transmission des valeurs.

La complexité de la tâche qui consiste à concilier les deux préoccupations réside dans la recherche d'un équilibre dynamique, respectueux à la fois des droits de l'enfant et des valeurs familiales, religieuses et culturelles.

Les débats onusiens contemporains sur la liberté de religion et de conscience des enfants, l'accès à l'éducation sexuelle et reproductive, ou la justice pour mineurs, illustrent la tension entre universalité des droits et contextualisation culturelle.

À Genève, le Conseil des droits de l'homme (CDH) traite régulièrement de la question de l'enfance sous le point 3. Les résolutions thématiques, traditionnellement présentées par l'Union européenne et soutenues par le Groupe africain portent, entre autres, sur :

- la lutte contre les violences ;
- l'accès à l'éducation inclusive ;
- la protection numérique ;
- la participation citoyenne des enfants.

Même si ces textes sont adoptés par consensus dans leur majorité, certains d'entre eux suscitent des votes divisés lorsqu'ils abordent des questions sociétales sensibles.

Ainsi, la résolution 52/23 (2023) sur les droits de l'enfant dans l'environnement numérique a recueilli 38 voix pour, 7 contre et 2 abstentions, illustrant la persistance de fractures idéologiques sur les contenus éducatifs et la responsabilité parentale.

À New York, au niveau de la troisième Commission de l'Assemblée générale, les résolutions sur les droits de l'enfant sont souvent adoptées par consensus, dans une logique de coopération intergouvernementale. Cependant, des divergences terminologiques apparaissent régulièrement, notamment sur la santé reproductive,[75] la diversité

---

[75] Au titre du point 67, la Troisième commission a examiné le projet de résolution sur « mariages d'enfants, mariages précoces et mariages forcés ». Adopté par consensus, ce texte offre une

des structures familiales, ou la liberté d'expression des enfants.

La résolution 78/138 (2023) a été adoptée sans vote, mais son examen s'est accompagné de déclarations interprétatives affirmant la primauté de la responsabilité parentale dans l'éducation morale et religieuse.

L'Afrique a développé une approche contextualisée à travers la Charte africaine des droits et du bien-être de l'enfant (1990), qui réaffirme le rôle de la famille et reconnaît explicitement le droit des parents à orienter l'enfant dans l'exercice de ses libertés (article 9). Cette charte illustre une convergence entre normativité internationale et valeurs communautaires africaines.

Le Sénégal, pionnier dans la ratification de la CDE et de la Charte africaine, se distingue par : la création de juridictions pour mineurs spécialisées, des programmes nationaux d'éducation et de protection, et une diplomatie multilatérale visant à promouvoir une autonomie encadrée, conciliant droits et devoirs, individu et communauté.

À Genève comme à New York, le Sénégal plaide pour une autonomie graduée, respectueuse de la culture, de la religion et de la famille, dans la droite ligne de sa tradition

---

occasion importante de faire le point sur les mesures efficaces pour prévenir, combattre et éliminer les mariages d'enfants, précoces et forcés, et engager les États à redoubler d'efforts pour mettre fin à cette pratique. Cependant, en raison de l'emploi de termes non consensuels, le Sénégal s'est dissocié de l'expression « formes multiples et croisées de discrimination » ainsi que des termes « droits reproductifs », à l'instar de plusieurs pays.

humaniste et spirituelle. Une telle autonomie est enracinée dans les traditions du pays et elle est responsable.

Les droits de l'enfant constituent sans doute l'une des expressions les plus abouties du pluralisme juridique international.[76] Ils illustrent la capacité du multilatéralisme à conjuguer universalité et diversité, en conciliant la protection intégrale de l'enfant, la reconnaissance de sa capacité évolutive et le respect des valeurs fondamentales propres à chaque société.[77]

L'autonomie progressive ne saurait signifier rupture avec l'autorité parentale. Elle signifie plutôt la coévolution vers la responsabilité et la citoyenneté.

Elle doit être envisagée comme un processus éducatif partagé, au cours duquel l'enfant apprend à exercer ses

---

[76] Convention relative aux droits de l'enfant, adoptée par l'Assemblée générale des Nations Unies le 20 novembre 1989 (résolution 44/25), entrée en vigueur le 2 septembre 1990. Elle est le traité relatif aux droits de l'homme le plus universellement ratifié, articulant les droits civils, politiques, économiques, sociaux et culturels des enfants autour de quatre principes directeurs : la non-discrimination, l'intérêt supérieur de l'enfant, le droit à la survie et au développe-ment, et le respect des opinions de l'enfant.

[77] Sur le concept de pluralisme juridique, voir la Déclaration et le Programme d'action de Vienne (Conférence mondiale sur les droits de l'homme, 1993, par. 5), qui reconnaissent que « tous les droits de l'homme sont universels, indisso-ciables et interdépendants », tout en appelant à les promouvoir « dans le contexte des spécificités nationales et régionales ». Voir également les Observations générales n° 5 (2003) et n° 12 (2009) du Comité des droits de l'enfant, qui soulignent la nécessité d'interpréter les droits de l'enfant à la lumière des contextes culturels sans en relativiser la portée universelle.

libertés dans le cadre des repères moraux et culturels transmis par sa famille et sa communauté.

Ainsi, la véritable universalité des droits de l'enfant réside dans une autonomie enracinée, nourrie de dialogue intergénérationnel et de respect mutuel entre normes internationales et valeurs locales.

CHAPITRE 11

Droits des minorités et diversité culturelle : universalité et pluralisme

Les droits des minorités occupent une place singulière dans l'histoire du multilatéralisme.

Dès la création de la Société des Nations, la protection des minorités nationales fut au cœur des dispositifs de paix postérieurs à la Première Guerre mondiale.

Mais l'ONU, en 1945, a privilégié une approche fondée sur l'universalité des droits de l'homme, plutôt que sur la reconnaissance des particularismes, par crainte de raviver les logiques communautaires.

Ce n'est qu'avec les mutations de la scène internationale (décolonisation, chute du mur de Berlin, mondialisation culturelle) que la question des minorités a retrouvé sa centralité.

Elle met à l'épreuve la capacité du système international à concilier l'unité du genre humain, fondée sur la reconnaissance de droits universels, et la diversité des identités culturelles, religieuses, ethniques ou linguistiques qui font la richesse des sociétés.

Derrière cette tension se dessine une question plus fondamentale : le multilatéralisme doit-il promouvoir l'égalité dans la différence, selon une approche pluraliste, ou tendre vers une universalité indifférenciée, fondée sur l'intégration des normes ?

Afin de mieux saisir la portée et l'évolution de la protection internationale des droits des minorités, il importe de rappeler le cadre normatif qui la sous-tend ; celui-ci est articulé autour de la Déclaration de 1992 et d'instruments complémentaires qui s'inscrivent dans une approche transversale des droits de l'homme.

Déclaration de 1992

La Déclaration des Nations Unies sur les droits des personnes appartenant à des minorités nationales ou ethniques, religieuses et linguistiques[78], adoptée par consensus le 18 décembre 1992, constitue la principale référence.

Elle consacre le droit des minorités à : préserver leur identité, pratiquer leur religion, utiliser leur langue, et participer activement à la vie publique.

---

[78] Adoptée par l'Assemblée générale des Nations Unies, cette Déclaration énonce les principes et normes fondamen-taux destinés à assurer la protection et la promotion des droits des personnes appartenant à des minorités. Elle cons-titue, à ce titre, un instrument de référence central pour l'action normative et opérationnelle des Nations Unies dans le domaine des droits de l'homme. La Déclaration fournit des orientations aux États dans la gestion de la diversité au sein de leurs sociétés, notamment en matière de non-discrimination, de participation effective à la vie publique et de préservation de l'identité culturelle, religieuse et linguistique. Elle s'adresse également aux personnes et groupes minoritaires eux-mêmes, en leur offrant un cadre de référence pour revendiquer et exercer leurs droits dans des conditions d'égalité.

Mais en l'absence de caractère contraignant, elle repose sur la volonté politique des États et l'interprétation souple des obligations.

Son champ d'application reste marqué par la non-reconnaissance du « droit à l'autodétermination interne », souvent perçu comme une menace pour la souveraineté et l'intégrité territoriale.

Instruments complémentaires et approche transversale.

La protection des minorités s'articule autour d'autres instruments que sont :

– le Pacte international relatif aux droits civils et politiques (PIDCP), en son article 27 ;

– la Convention relative aux droits de l'enfant (CDE), en son article 30 ;

– les Conventions de l'UNESCO portant respectivement sur la diversité culturelle (2005) et le patrimoine immatériel (2003).

Cette multiplicité normative reflète la transversalité du concept de diversité, mais nourrit aussi une fragmentation institutionnelle entre organes onusiens (CDH, UNESCO, HCR, PNUD).

À cela, s'ajoute un débat doctrinal et politique avec un clivage central qui oppose une approche universaliste et une approche pluraliste.

L'approche universaliste, défendue notamment par les États occidentaux, considère que les droits individuels suffisent à protéger les minorités.

Elle craint qu'une reconnaissance juridique spécifique ne crée des catégories hiérarchisées de citoyens.

L'approche pluraliste, soutenue par de nombreux États du Sud, valorise la reconnaissance collective comme condition d'égalité réelle et de préservation des identités.

Elle plaide pour un multiculturalisme équilibré, où l'égalité s'exprime à travers la diversité des appartenances.

Ce débat dépasse la technique juridique : il touche à la philosophie du vivre-ensemble, à la gouvernance interculturelle et à la prévention des conflits identitaires.

À Genève, une approche normative et inclusive permet au Conseil des droits de l'homme (CDH) de traiter des droits des minorités sous le point 3, à travers :

– le Forum sur les questions relatives aux minorités (créé en 2007) ;

– l'examen des rapports du Rapporteur spécial sur les questions relatives aux minorités ; et

– les diverses résolutions thématiques.

Les résolutions sont généralement adoptées par consensus, mais certaines années, des votes apparaissent lorsqu'elles abordent les droits linguistiques, la participation politique ou la protection des minorités religieuses dans un contexte de terrorisme.

La résolution 55/15 (2024) du Conseil des droits de l'homme, adoptée sans vote, consolide l'architecture normative de protection des personnes appartenant à des minorités nationales ou ethniques, religieuses et linguistiques.

Elle réaffirme les principaux instruments internationaux et met l'accent sur l'inclusion et la participation effective, la lutte contre les discriminations multiples, ainsi que la prévention des conflits, notamment au regard des discours de haine, de l'apatridie, de l'accès aux services et de la production de données ventilées.

Elle s'inscrit dans le prolongement du rapport A/HRC/52/53 du Haut-Commissariat (période 2022), soumis en application de la résolution 49/14 (2022), qui relève que le trentième anniversaire de la Déclaration de 1992 a servi de catalyseur à des initiatives multilatérales et de terrain, tout en mettant en évidence des lacunes persistantes de mise en œuvre, en particulier l'exclusion socioéconomique, la sous-représentation politique et les signaux d'alerte précoce liés aux discours de haine et aux conflits.

Ces constats sont approfondis par le rapport A/HRC/55/35 (2024) du Haut-Commissariat, qui dresse un panorama détaillé des activités normatives et opérationnelles menées en 2023 et confirme que, malgré des efforts soutenus, l'effectivité des droits des minorités demeure entravée par des formes de discrimination multiple, aggravée et croisée. Le rapport souligne, en particulier, la persistance des discours de haine, les risques accrus d'apatridie, les vulnérabilités en situation de conflit, ainsi que le déficit de cadres juridiques anti-discriminations complets dans de nombreux États. Ensemble, ces textes montrent qu'il y a un domaine dans lequel le Conseil parvient à préserver un consensus normatif solide, tout en mettant en lumière l'écart persistant entre engagements formels et mise en œuvre concrète des droits, dans l'esprit du Programme 2030 et du principe de ne laisser personne de côté.

À New York, une approche diplomatique et équilibriste justifie qu'à la Troisième Commission, la question des minorités se croise avec celles de la liberté de religion, du racisme, et de la diversité culturelle.

Les résolutions thématiques sur la promotion de la tolérance, la protection des communautés religieuses, ou la prévention des discours de haine sont largement soutenues, mais les débats sur les limites de la liberté d'expression[79] et la criminalisation du blasphème provoquent régulièrement des votes divisés.

La résolution 78/153 (2023) sur la promotion de la compréhension mutuelle et du dialogue interreligieux a été adoptée par 139 voix pour, 12 contre et 28 abstentions.

---

[79] Il convient de rappeler que la liberté d'expression consacrée à l'article 19 du Pacte international relatif aux droits civils et politiques n'est pas absolue. Elle trouve notamment sa limite dans l'article 20 du même instrument, qui impose aux États l'interdiction de toute apologie de la haine nationale, raciale ou religieuse constituant une incitation à la discrimina-tion, à l'hostilité ou à la violence. Le rappel de l'article 20 dans le cadre du débat apparaît dès lors essentiel, en ce qu'il souligne que la question de principe a été clairement tranchée par le droit international, établissant un équilibre normatif entre la protection de la liberté d'expression et la prévention des discours de haine et de la violence.

Ce résultat montre le fossé croissant qui existe entre États attachés à la liberté absolue d'expression et ceux plaidant pour une responsabilité dans le discours public.

La réflexion engagée à Genève trouve un prolongement significatif à New York à travers le rapport A/80/186 (2025) du Rapporteur spécial sur les questions relatives aux minorités, présenté à l'Assemblée générale dans le contexte plus large de la réforme de l'Organisation des Nations Unies. Tout en reconnaissant la multiplication des initiatives menées au sein du système onusien en faveur des minorités, le rapport met en lumière un déficit structurel de visibilité, de cohérence et d'institutionnalisation de ces questions. La conséquence, selon le rapport, est que les minorités demeurent largement absentes des grands cadres intergouvernementaux, notamment du Programme de développement durable à l'horizon 2030 et du Pacte pour l'avenir. Ainsi, le rapport souligne le décalage persistant entre un consensus normatif solide, régulièrement réaffirmé au Conseil des droits de l'homme, et une intégration encore marginale des droits des minorités dans les piliers du développement et de la paix et de la sécurité ; il appelle, par conséquent, les États Membres à saisir le moment de la réforme en cours pour repenser, recadrer et renforcer la place des minorités dans l'architecture globale des Nations Unies.

Le continent africain offre un modèle singulier de coexistence pluraliste, fondé sur le vivre-ensemble communautaire et la gestion coutumière des identités.

L'Acte constitutif de l'Union africaine (2000) et la Charte africaine des droits de l'homme et des peuples (1981) adoptent une approche holistique, liant droits individuels et collectifs, identité et solidarité.

Le Sénégal, à travers sa tradition de tolérance religieuse et culturelle, incarne cette diplomatie du dialogue.[80]

Cette vocation se manifeste également sur la scène multilatérale, où il plaide pour un multilatéralisme fondé sur la concertation, la responsabilité partagée et la solidarité universelle.[81] S'agissant des droits des minorités et de la diversité culturelle, il promeut :

– la protection des minorités religieuses et culturelles ;

– le dialogue interreligieux et interethnique ;

– la valorisation du patrimoine immatériel comme facteur de paix.

---

[80] Voir, Allocution de S.E.M. Bassirou Diomaye Diakhar Faye, Président de la République du Sénégal, lors du Segment de haut niveau de la 80e session ordinaire de l'Assemblée générale des Nations Unies, New York, 24 septembre 2025, quand il affirme : « … Mais cela n'est possible que par un multilatéralisme fort et revitalisé, pour en faire un cadre unique d'action pour la paix et la stabilité, par le dialogue, la concertation et la résolution pacifique des différends. La survie du multilatéralisme exige qu'il retrouve ses principes fondamentaux : la responsabilité partagée et une solidarité active, le respect du droit international et une justice universelle ».

[81] « … Le Sénégal reste fidèle à son engagement de travailler dans ce sens avec tous les membres de l'Organi-sation ; prêt à jeter les ponts, prêt à porter les réformes, prêt à poursuivre notre œuvre commune pour un monde de paix, de justice et de solidarité ». Ibid.

Cette posture d'équilibre entre universalité normative et pluralisme culturel fait du Sénégal un acteur de médiation dans les débats onusiens sur la diversité.

La reconnaissance de la diversité culturelle et identitaire ne saurait affaiblir l'universalité des droits de l'homme[82].

Elle en constitue, au contraire, une traduction concrète et vivante, permettant à chaque société d'exprimer l'universalité dans sa propre langue symbolique.

Pour construire une gouvernance inclusive de la diversité, trois orientations se dégagent :

– Renforcer le dialogue interculturel au sein du système multilatéral ;

– Garantir la participation effective des minorités aux processus décisionnels ;

---

[82] Le paragraphe 5 de la Déclaration et du Programme d'action de la Conférence mondiale sur les droits de l'homme de Vienne (1993), dont l'adoption doit beaucoup à l'engage-ment intellectuel et diplomatique du professeur Ibrahim Fall, tranche de manière définitive la question de savoir si le niveau de développement économique ou les particula-rismes religieux et culturels peuvent justifier la violation ou le non-respect des droits de l'homme. Il y est clairement affirmé que ces considérations ne sauraient en aucun cas servir de prétexte à une remise en cause de l'universalité des droits de l'homme. Loin de constituer des exceptions admissibles, les différences de contexte doivent au contraire être prises en compte par les États afin d'assurer une mise en œuvre plus effective, adaptée et inclusive des droits de l'homme. Le débat normatif est, à cet égard, clairement clos.

– Ancrer les droits des minorités dans une approche contextuelle et solidaire, respectueuse des valeurs religieuses, culturelles et historiques.

En définitive, l'enjeu est de faire de la diversité non pas une ligne de fracture, mais une force d'unité au service d'un humanisme universel et partagé[83].

---

[83] Il convient de relever que de nombreux États, y compris en Afrique, ne reconnaissent pas l'existence de peuples autochtones sur leur territoire. Cette position se traduit par un refus de leur accorder un statut spécifique, de reconnaître leurs droits traditionnels ou encore de garantir la protection et la transmission de leurs cultures et pratiques ancestrales. Cette posture soulève des interrogations de fond quant à la manière dont ces États appréhendent la diversité interne et les obligations découlant du droit international des droits de l'homme.
De façon comparable, certains gouvernements contestent l'existence même de minorités au sein de leur État. À titre illustratif, lors de son examen par le Comité des droits de l'homme, le Vietnam a rejeté toute reconnaissance tant des peuples autochtones que des minorités, préférant recourir à la notion plus générale de « populations défavorisées », ce qui tend à neutraliser les protections spécifiques attachées aux régimes juridiques relatifs aux minorités et aux peuples autochtones.

CHAPITRE 12

Vie privée et droits numériques à l'ère des technologies de surveillance : sécurité et libertés

Le droit à la vie privée, consacré par l'article 12 de la Déclaration universelle des droits de l'homme (1948) et l'article 17 du Pacte international relatif aux droits civils et politiques (PIDCP),[84] est l'un des fondements classiques de la protection de la personne humaine. Historiquement associé à la sphère domestique et à la protection contre les intrusions de l'État, ce droit s'est progressivement élargi à la protection des données personnelles, à la liberté d'expression numérique, et à la sécurité des communications.

Mais à l'ère de la révolution numérique, des réseaux sociaux et des technologies de surveillance de masse, la vie privée est confrontée à une mutation radicale. Les États et les entreprises disposent désormais de capacités inédites de collecte, de traitement et de recoupement

[84] Ces articles fondent la protection universelle du droit à la vie privée, pilier de la dignité humaine et condition essentielle de l'exercice des autres libertés, notamment la liberté d'expression. Ils garantissent à toute personne le droit d'être protégée contre toute immixtion arbitraire ou illégale dans sa vie privée, sa famille, son domicile ou sa correspondance, ainsi que contre toute atteinte illégale à son honneur et à sa réputation.

des données. Cela pose de nouveaux dilemmes tels que ceux qui suivent :

– comment protéger la vie privée dans un environnement hyperconnecté ?

– comment encadrer les acteurs privés aux pratiques globales ?

– comment préserver la sécurité nationale sans sacrifier les libertés fondamentales ?

Au niveau international, plusieurs instruments consacrent la protection de la vie privée. Il s'agit de :

– l'article 17 du PIDCP, garantissant la protection contre les ingérences arbitraires ou illégales ;

– l'Observation générale n° 16 (1988) du Comité des droits de l'homme ;[85]

– la Résolution A/RES/68/167 (2013) de l'Assemblée générale intitulée « Le droit à la vie privée à l'ère du numérique »[86] ;

---

[85] L'Observation n°16 consacre le principe de protection intégrale de la vie privée et impose aux États une double obligation : s'abstenir d'atteintes arbitraires et prévenir celles commises par des tiers, dans un cadre juridique respectueux de la dignité et de la liberté de chaque individu.

[86] La résolution A/RES/68/167 affirme que le droit à la vie privée s'applique aussi en ligne.

L'Assemblée générale exprime sa préoccupation face à la surveillance et à la collecte massive de données qui menacent la vie privée et la liberté d'expression. Elle invite les États à revoir leurs lois, à garantir la transparence et le contrôle indépendant de leurs pratiques, et charge pour la première fois la Haut-Commissaire

– la Résolution 28/16 (2015) du CDH,[87] qui établit un mandat de Rapporteur spécial sur le droit à la vie privée.[88]

---

aux droits de l'homme de présenter un rapport sur la protection de la vie privée à l'ère numérique. Cette résolution marque une étape fondatrice dans la recon-naissance du droit à la vie privée en ligne comme prolonge-ment des libertés fondamentales hors ligne, posant les bases du débat international sur la protection des données, la surveillance numérique et la gouvernance d'Internet.

[87] La résolution 28/16 (2015) prolonge la dynamique initiée par l'Assemblée générale (A/RES/68/167) en affirmant la continuité des droits de l'homme en ligne et hors ligne. Elle met l'accent sur la responsabilité partagée des États et des acteurs privés pour assurer une protection effective du droit à la vie privée à l'ère numérique.

[88] Le Conseil des droits de l'homme a fait du droit à la vie privée à l'ère du numérique une priorité constante de son agenda depuis la création du mandat consacré à cette question par la résolution 28/16 (2015). Cette résolution a établi le Rapporteur spécial sur le droit à la vie privée, chargé d'exa-miner les pratiques nationales, de recueillir des informations crédibles auprès des gouvernements, des organisations inter-nationales et de la société civile, et de formuler des recom-mandations pour garantir la protection effective du droit à la vie privée, conformément à l'article 12 de la Déclaration universelle des droits de l'homme et à l'article 17 du Pacte international relatif aux droits civils et politiques. Dans le prolongement de cette initiative, la résolution 34/7 (2017) a réaffirmé que les droits dont les personnes jouissent hors ligne doivent également être protégés en ligne, en insistant sur les principes de légalité, de nécessité et de proportion-nalité dans les politiques de surveillance et de collecte de données. Elle a souligné la responsabilité partagée des États et des entreprises du secteur numérique dans le respect du droit à la vie privée et encouragé la mise en place de mécanismes de contrôle indépendants et transparents. Enfin, par sa résolution 55/3 (2024), le Conseil a renouvelé pour trois ans le mandat du Rapporteur

Ces instruments traduisent une reconnaissance croissante de la dimension numérique des droits de l'homme. Mais ils ne permettent pas de suivre le rythme d'innovation technologique, face à des enjeux tels que la surveillance de masse, l'intelligence artificielle (IA), la reconnaissance faciale ou le profilage algorithmique.

Les débats actuels révèlent une tension permanente entre trois exigences :

– la protection des droits individuels (vie privée, données personnelles) ;

– le maintien de la sécurité publique et nationale ; et

– la souveraineté numérique.

Certains États plaident pour un équilibre « sécurité-liberté », d'autres pour une protection absolue de la vie privée comme pilier de la démocratie. Cette diversité d'approches reflète la nature contrastée des cultures juridiques, avec :

– une approche libérale (UE, Canada) ;

– une approche sécuritaire (Chine, Russie) ;

– une approche équilibrée et développementaliste (Afrique, Amérique latine).

Les nouvelles technologies (IA, big data, drones, biométrie, géolocalisation) renforcent les capacités de suivi et d'analyse des comportements humains. Même si elles

---

spécial, confirmant la pertinence de ce mécanisme face aux défis croissants posés par les technologies émergentes et la protection des données personnelles à l'échelle mondiale.

peuvent servir des objectifs légitimes (lutte contre le terrorisme, sécurité publique, santé), elles ouvrent la voie à des atteintes massives des droits humains comme :

- la collecte sans consentement des données ;
- le stockage illimité ;
- la discrimination algorithmique ;
- l'utilisation politique ou commerciale des données.

Le Rapporteur spécial sur la vie privée souligne régulièrement les risques d'un glissement vers une surveillance totale. Le défi n'est plus seulement juridique, mais également éthique et civilisationnel. En effet, il s'agit de savoir comment maintenir la dignité humaine dans un monde où tout peut être mesuré, tracé, anticipé.

Le Conseil des droits de l'homme, à Genève, est devenu le principal espace de débat sur les droits numériques. Les résolutions sur la vie privée à l'ère du numérique recueillent un large soutien au sein du Conseil des droits de l'homme.

Toutefois, des différences de sensibilités demeurent quant à la portée du droit à la vie privée, au degré d'encadrement des acteurs privés et à l'usage des technologies d'intelligence artificielle, notamment dans les domaines de la sécurité et de la gouvernance numérique.[89]

---

[89] Les divergences observées au sein du Conseil des droits de l'homme ne portent pas sur la légitimité du droit à la vie privée, qui fait l'objet d'un large consensus, mais sur son champ d'application et ses modalités de mise en œuvre. Elles concernent principalement trois aspects : La portée extraterritoriale du droit

Ainsi, la résolution 53/29 (2023) a été adoptée sans vote. Elle établit un cadre global pour une gouvernance éthique et inclusive du numérique, plaçant les droits de l'homme au cœur de la régulation technologique et affirmant le rôle du Conseil des droits de l'homme comme forum de référence pour anticiper et encadrer les impacts de l'intelligence artificielle et des technologies émergentes.

À New York, à la Troisième Commission, les résolutions, souvent adoptées par consensus, s'attachent à promouvoir le droit à la vie privée comme composante du droit à la dignité, à encourager les législations nationales sur la protection des données, et à intégrer le numérique dans les stratégies de développement durable (ODD 9 et 16).

La résolution A/RES/78/213 (2023) sur la protection de la vie privée à l'ère du numérique a été adoptée par consensus, mais il y'a eu des réserves de la part d'États qui ont invoqué la nécessité d'équilibrer sécurité et

---

à la vie privée, certains États, notamment du Sud, exprimant des réserves face au risque d'une interprétation politisée ou intrusive de ce principe ; La régulation des acteurs privés, qui divise entre ceux qui préconisent une supervision publique renforcée et ceux qui privilégient des mécanismes d'autorégulation du secteur numérique ; L'usage de l'intelligence artificielle, domaine émergent où subsistent des divergences d'approche concer-nant la surveillance, le profilage automatisé et la reconnais-sance faciale. Ces débats traduisent moins une opposition de principe qu'une recherche d'équilibre entre protection des droits fondamentaux, souveraineté numérique et innovation technologique responsable.

libertés. La résolution réaffirme l'universalité et l'indivisibilité des droits de l'homme, y compris dans l'espace numérique. Elle s'inscrit dans la continuité des précédentes initiatives sur le droit à la vie privée à l'ère du numérique (depuis 2013) et les nouvelles technologies et droits de l'homme. Elle reconnaît que les technologies numériques, si elles favorisent le développement et l'accès à l'information, peuvent aussi menacer les libertés fondamentales en l'absence de garanties adéquates.

La résolution 78/213 marque une convergence normative majeure entre les enjeux technologiques, les enjeux éthiques et les enjeux relatifs aux droits de l'homme. Elle prône une gouvernance numérique fondée sur les droits fondamentaux, où la sécurité, la transparence et la responsabilité collective remplacent la logique de surveillance et de profit.

La comparaison entre les deux espaces de Genève et de New York illustre qu'il est possible de réinventer le consensus, même dans un contexte de priorités distinctes.

Ainsi, on observe que la résolution 53/29 du Conseil des droits de l'homme établit à Genève un cadre fondé sur la prévention des risques liés aux technologies émergentes et sur les garanties éthiques qui doivent les encadrer, à savoir : la transparence, la diligence raisonnable, la lutte contre les biais algorithmiques et la supervision humaine.

Dans le même temps, la résolution 78/213 adoptée à New York en élargit la portée en l'ancrant dans une dimension politique et opérationnelle, à travers la protection du droit à la vie privée et des libertés en ligne, l'interdiction des coupures d'Internet, la défense du chiffrement, la lutte contre la désinformation et la promotion de l'inclusion numérique, notamment pour les femmes, les territoires marginalisés et les pays en développement.

En définitive, il semble que Genève structure les principes, tandis que New York en organise la mise en œuvre universelle.

L'un et l'autre exercices (structuration et mise en œuvre) participent d'un même mouvement : celui d'un multilatéralisme capable de converger malgré des divergences mineures, dès lors que la finalité commune demeure la protection de la dignité humaine dans l'espace numérique.

Cette dynamique de convergence se retrouve également dans d'autres enceintes multilatérales, comme à l'UNESCO, où le processus ayant conduit à la Recommandation sur l'éthique de l'intelligence artificielle montre clairement qu'un compromis global est possible malgré la diversité des positions nationales.[90]

---

[90] Voir: Natorski, Michal (2023): Compromise in Multilateral Negotiations and the Global Regulation of Artificial Intel-ligence. Disponible sur : https://arxiv.org/abs/2309.17158. L'auteur montre, à partir de l'exemple de la Recomman-dation de l'UNESCO sur l'éthique de l'IA (2021), que des États aux visions libérales ou souverainistes peuvent parvenir à un compromis multilatéral fragile, fondé sur une hybridité normative structurelle et une ambiguïté

L'Afrique aborde la révolution numérique à travers le prisme du développement et de la souveraineté technologique. Ainsi, l'Union africaine a adopté en 2014 la Convention de Malabo sur la cybersécurité et la protection des données personnelles, entrée en vigueur en 2023. Il s'agit d'un instrument juridique qui consacre :

– le droit à la vie privée numérique (art. 8) ;

– la création d'autorités nationales de protection des données (art. 11) ;

– la coopération interétatique en matière de cybersécurité (art. 2).[91]

Le Sénégal, pionnier dans ce domaine, a institué dès 2008 la Commission de protection des données personnelles (CDP).[92] Il participe activement aux débats internationaux sur la gouvernance éthique de l'intelligence artificielle, la régulation des plateformes, et la protection des données sensibles, dans le respect des valeurs africaines de solidarité et de dignité.

---

normative contex-tualisée, conciliant ainsi diversité des positions et finalité commune.

[91] Voir : Union africaine, Convention sur la cybersécurité et la protection des données à caractère personnel (dite « Convention de Malabo »), adoptée le 27 juin 2014 à Malabo, Guinée équatoriale, entrée en vigueur le 8 juin 2023 après la quinzième ratification. Le texte consacre notamment le droit à la vie privée numérique, la création d'autorités nationales de protection des données, et la coopération interétatique en matière de cybersécurité.

[92] La Commission de Protection des Données personnelles (CDP) du Sénégal a été instituée par la loi n° 2008-12 du 25 janvier 2008 relative à la protection des données à caractère personnel.

La diplomatie sénégalaise défend une approche équilibrée qui articule :

– innovation et inclusion ;

– protection de la vie privée et sécurité publique ;

– reconnaissance de droits numériques et respect des valeurs morales et religieuses.

Lors de la retraite du Conseil des droits de l'homme tenue à Dakar les 21 et 22 octobre 2019, alors que le Sénégal en assurait la présidence, le panel consacré aux droits de l'homme à l'ère du numérique a mis en lumière à la fois les opportunités offertes par les technologies émergentes (dans les domaines de la santé, de l'environnement et du suivi des droits de l'homme) et les risques accrus liés à la surveillance, aux cyberattaques, à la désinformation et aux atteintes au droit à la vie privée. Les débats ont souligné la triple nécessité que voici :

– encadrer les entreprises technologiques dont les activités influencent désormais la gouvernance mondiale des données ;

– garantir la proportionnalité des législations adoptées au nom de la sécurité nationale ; et

– étendre les cadres de protection des droits de l'homme de l'espace hors ligne à l'environnement numérique.

Un large consensus s'est dégagé sur le caractère transnational et multilatéral des enjeux de régulation technologique, confirmant la pertinence du Conseil des droits de l'homme et de ses mécanismes consultatifs dans la gouvernance mondiale du numérique.

Cette initiative pionnière témoigne du rôle de plateforme de réflexion et d'action joué par le Sénégal pour promouvoir un humanisme numérique conciliant innovation, sécurité et respect des droits fondamentaux.

Comme l'ont souligné Shoshana Zuboff et Stefano Rodotà, « à l'ère des algorithmes et de la donnée, la vie privée n'est plus un espace fermé, mais un droit fluide, à redéfinir dans l'interconnexion globale ». Celle-ci « conditionne désormais l'exercice de toutes les libertés : liberté d'expression, de pensée, de religion et de participation politique ».[93]

Le multilatéralisme doit désormais relever les trois défis que voici :

– un défi éthique, pour inscrire les technologies dans le respect de la dignité humaine ;

– un défi juridique, pour encadrer les usages des données et des IA ;

– un défi politique, pour garantir un accès équitable et une gouvernance partagée du numérique.

Le nouveau pacte numérique mondial, adopté le 22 septembre 2024 dans le cadre du Sommet du futur, doit

---

[93] Voir : Shoshana Zuboff, The Age of Surveillance Capita-lism : The Fight for a Human Future at the New Frontier of Power, New York, Public Affairs, 2019 ; et Stefano Rodotà, La vie privée : un droit de l'homme à l'âge de la société numérique, Paris, UNESCO, 2013.

s'appuyer sur une vision humaniste, inclusive et solidaire, où les technologies demeurent au service de l'homme, et non l'inverse.[94]

En définitive, les débats contemporains sur la vie privée et les droits numériques révèlent moins une remise en cause des principes fondamentaux des droits de l'homme qu'une difficulté persistante à les adapter à des transformations technologiques rapides et profondes.

L'émergence des technologies numériques, de la surveillance de masse et de l'intelligence artificielle met en lumière une tension structurelle entre protection des libertés individuelles, exigences de sécurité et souveraineté des États. Les efforts normatifs engagés à Genève et à New York témoignent toutefois de la capacité du multilatéralisme à converger à partir d'un socle commun, en plaçant la dignité humaine au cœur de la gouvernance du numérique, malgré des priorités et des sensibilités parfois divergentes.

Cette tension devient encore plus manifeste lorsque les technologies numériques ne se limitent plus à la collecte, au traitement et à l'analyse des données, mais s'étendent à des usages coercitifs, voire létaux. Le recours aux drones, ainsi qu'aux systèmes robotiques et à l'intelligence artificielle de manière plus générale, constitue à cet égard un défi majeur et croissant pour le respect des droits de l'homme.

---

[94] Sommet du Futur (New York, 22-23 septembre 2024) : « Pacte pour l'avenir » adopté par les chefs d'État et de gouvernement.

Ces technologies mettent à l'épreuve les cadres normatifs existants, dans la mesure où le droit international a été conçu sur l'hypothèse d'une action humaine directe, sans avoir pleinement anticipé les situations dans lesquelles la décision ou l'exécution de l'acte est déléguée à une machine.

En droit international humanitaire, l'emploi de drones armés soulève, en particulier, de sérieuses interrogations quant au respect des principes de nécessité militaire et de proportionnalité, dont l'application effective apparaît souvent problématique dans la pratique[95].

Par ailleurs, la question de la responsabilité juridique se complexifie lorsque les personnes impliquées dans la conduite des hostilités se trouvent éloignées du champ de bataille, tout en y participant de manière déterminante.

Cette réalité brouille les distinctions traditionnelles entre combattants et non-combattants, et interroge les fondements mêmes de l'imputabilité des violations du droit international.

Ces enjeux illustrent les questions déjà posées, et qui sont appelées à s'intensifier, quant à l'adaptation du droit international des droits de l'homme et du droit des conflits armés aux réalités technologiques contemporaines. Ils confirment que la protection de la vie privée

---

[95] Christof Heyns, 'Autonomous Weapons Systems: Living a Dignified Life and Dying a Dignified Death' in Nehal Bhuta and others (eds), Autonomous Weapons Systems: Law, Ethics, Policy (Cambridge University Press 2016) 3.

et des droits numériques ne peut être pensée isolément, mais doit s'inscrire dans une réflexion plus large sur la place de l'humain dans un monde où les technologies tendent à anticiper, orienter, voire remplacer la décision humaine. Le défi pour le multilatéralisme est désormais de taille : préserver la centralité de la dignité humaine[96] dans un environnement numérique en constante mutation, afin que l'évolution technologique demeure guidée par les valeurs et la primauté de la personne humaine.

[96] La dignité est fréquemment décrite comme la « mère » des droits de l'homme, en ce qu'elle constitue le fondement normatif à partir duquel se déploie le système moderne des droits fondamentaux. Voir : Bernhard Schlink, « The Concept of Human Dignity », German Law Journal, vol. 9, no 1, 2008, p. 1-14.

CHAPITRE 13

Droits de l'homme, inégalités et responsabilité des entreprises : équité et régulation

Comme prolongement du Chapitre 1, dans lequel sont rappelés les fondements normatifs du droit au développement, le présent chapitre expose les défis contemporains liés aux inégalités croissantes et à la responsabilité sociale des entreprises, afin d'en éclairer la mise en œuvre concrète dans l'économie mondiale.

Les inégalités économiques, sociales et territoriales atteignent aujourd'hui des niveaux sans précédent, constituant un défi systémique pour l'universalité des droits de l'homme. Selon les estimations des institutions internationales, les 10 % les plus riches de la population mondiale concentrent plus de 70 % des richesses, tandis que plus de 700 millions de personnes vivent encore sous le seuil de pauvreté.[97] Ces écarts se creusent également à l'intérieur des pays, minant la cohésion sociale et la confiance dans la gouvernance démocratique.

Mais les inégalités ne sont pas seulement économiques : elles sont multiples et intersectionnelles, liées au genre, à la géographie, à la technologie, ou encore à

---

[97] World Inequality Lab. World Inequality Report 2022. Paris: WIL, 2022. https://wir2022.wid.world

l'accès aux ressources naturelles et au savoir. Elles fragilisent le principe de dignité égale inscrit dans la Déclaration universelle de 1948, et interrogent la capacité du système international à garantir des droits réels et effectifs, et non simplement formels et déclaratoires.

Comme rappelé dans le Chapitre 1, le droit au développement, proclamé en 1986 par la Déclaration des Nations unies, a constitué une étape normative majeure dans la quête d'un ordre international plus juste.[98] Il liait la dignité humaine à la justice économique et à la solidarité internationale, en affirmant la responsabilité partagée des États dans la création d'un environnement propice au développement intégral de l'être humain.

Mais, près de quarante ans après son adoption, sa mise en œuvre demeure entravée par :

– la persistance des asymétries Nord-Sud ;

– l'inégalité des rapports de force économiques ;

– la domination des logiques financières sur les impératifs sociaux.

Les débats autour de l'effectivité du droit au développement et de son instrumentalisation politique traduisent une tension structurelle entre solidarité universelle et souveraineté économique.

---

[98] United Nations. Declaration on the Right to Development. A/RES/41/128, 4 December 1986.
https://undocs.org/en/A/RES/41/128

La réalisation concrète du droit au développement suppose une équité économique mondiale, fondée sur :

- la réforme de la fiscalité internationale ;
- l'allègement de la dette ;
- l'accès équitable au commerce et à la technologie ;
- la régulation des acteurs privés mondiaux.[99]

Ainsi, la lutte contre les inégalités ne peut être dissociée d'une réflexion sur la gouvernance économique globale, cœur de la promesse du droit au développement.

L'un des changements majeurs notés ces dernières décennies réside dans la montée en puissance des entreprises transnationales, dont l'influence dépasse parfois celle des États. Les décisions de ces entités non étatiques en matière de production, d'emploi, d'environnement ou de fiscalité ont des répercussions directes sur les droits fondamentaux.

Face à cette réalité, la communauté internationale a élaboré en 2011 les Principes directeurs relatifs aux entreprises et aux droits de l'homme, dits Principes de Ruggie, structurés autour de trois piliers[100], à savoir :

---

[99] United Nations Development Program. Human Develop-ment Report 2023/24: Breaking the Gridlock. New York: UNDP, 2024.
[100] Office of the High Commissioner for Human Rights (OHCHR). Guiding Principles on Business and Human Rights: Implementing the United Nations "Protect, Respect and Remedy" Framework. Geneva: United Nations, 2011. https://www.ohchr.org/

– Protéger : obligation des États de prévenir les violations ;

– Respecter : responsabilité des entreprises d'intégrer les droits de l'homme dans leurs activités ;

– Réparer : accès à des recours effectifs pour les victimes.

Cependant, le caractère non contraignant de ces principes limite leur efficacité. C'est pourquoi un Groupe de travail intergouvernemental a été créé en 2014 à Genève, avec comme mandat de négocier un instrument juridiquement contraignant sur les entreprises et les droits de l'homme.[101] Le Groupe africain et plusieurs États du Sud défendent ce processus ; ils y voient un moyen de rééquilibrage structurel, tandis que certains pays développés privilégient une approche volontaire reposant sur la responsabilité sociale des entreprises (RSE).

Au-delà de la dimension normative, la responsabilité sociale des entreprises prend une dimension éthique et stratégique : elle traduit la nécessité de concilier compéti-

---

[101] Human Rights Council. Resolution 26/9: Elaboration of an international legally binding instrument on transnational corporations and other business enterprises with respect to human rights. Geneva, 26 June 2014.
https://undocs.org/en/A/HRC/RES/26/9

tivité, justice sociale et protection de l'environnement, dans la logique d'une économie des droits de l'homme.[102]

À Genève, la tendance penche vers un traité contraignant. Le Conseil des droits de l'homme (CDH) demeure le principal cadre de discussion sur la responsabilité des entreprises. Le Groupe de travail intergouvernemental, créé par la résolution 26/9 (2014), poursuit les négociations d'un instrument contraignant, malgré des divergences persistantes sur :

– la responsabilité extraterritoriale des sociétés mères ;

– la coopération judiciaire internationale ;

– le droit à réparation des victimes.

Les sessions récentes témoignent d'un soutien croissant au sein du Sud global ; plus de 70 États membres et observateurs participent activement aux négociations

[102] United Nations Global Compact. Corporate Sustainability and Human Rights. New York : UN Global Compact, 2022. Fondé en 2000 par le Secrétaire général Kofi Annan, le Pacte mondial des Nations Unies est une initiative spéciale du Cabinet du Secrétaire général et la plus vaste initiative mondiale en matière de durabilité des entreprises. Il invite les sociétés à aligner leurs stratégies et leurs opérations sur des principes universels relatifs aux droits de l'homme, au travail, à l'environnement et à la lutte contre la corruption, et à entreprendre des actions concrètes contribuant à des objectifs sociétaux plus larges, en cohérence avec l'Agenda des Nations Unies pour le développement durable et les Objectifs de développement durable (ODD).

et sont favorables à l'adoption d'un cadre juridiquement contraignant.[103]

Depuis 2022, les négociations progressent de manière graduelle, selon un examen article par article, sans toutefois déboucher à ce stade sur un accord final. Les premières sessions ont permis de consolider le texte, tandis que les plus récentes (2024–2025) ont approfondi les dispositions clés sur les trois divergences mentionnées plus haut.

Ces discussions révèlent une division persistante entre, d'une part, des États favorables à un instrument juridiquement contraignant ambitieux et, d'autre part, ceux qui privilégient une approche plus souple, fondée sur des engagements volontaires.

Le processus repose également sur des consultations intersessions, destinées à affiner les propositions et à rapprocher des positions encore divergentes.

En définitive, si des avancées techniques sont indéniables, les négociations demeurent politiquement sensibles. L'issue du processus dépendra de la capacité des États à trouver un équilibre entre la régulation des entreprises transnationales et le respect de la souveraineté nationale.

---

[103] Human Rights Council. Report of the Intergovernmental Working Group on Transnational Corporations and Other Business Enterprises. Geneva : OHCHR, 2024.

À New York, au niveau de la Troisième Commission et de l'ECOSOC, la question des inégalités s'articule autour des Objectifs de développement durable (ODD), en particulier l'ODD 10 (réduire les inégalités dans et entre les pays).

Les débats ont été marqués par l'adoption des résolutions A/RES/78/1 (Pacte pour l'avenir) et A/RES/78/167 (Coopération Sud-Sud), qui réaffirment la nécessité d'une solidarité mondiale et d'un ordre économique plus équitable.[104]

L'Union africaine, à travers son Agenda 2063, promeut une croissance inclusive, la transformation structurelle des économies, et la valorisation des ressources locales. Elle reconnaît que la justice sociale et la réduction des inégalités constituent des conditions de paix et de stabilité.[105]

Dans cette dynamique, le Sénégal a adopté une stratégie intégrante basée sur :

---

[104] Assemblée générale des Nations Unies, Résolution A/RES/ 78/1, « Pacte pour l'avenir », adoptée le 22 septembre 2024, qui réaffirme l'engagement des États à réduire les inégalités au sein des pays et entre les pays, dans le cadre du Programme de développement durable à l'horizon 2030.
Voir également A/RES/78/167, « Coopération Sud-Sud », adoptée le 19 décembre 2023, qui souligne la nécessité d'une solidarité accrue et d'un ordre économique mondial plus équitable pour réduire les inégalités entre les nations.

[105] African Union. Agenda 2063: The Africa We Want. Addis Ababa : AU Commission, 2015.

– la responsabilité sociale des entreprises ;

– la création d'emplois décents ;

– le renforcement du dialogue social et la régulation éthique des investissements étrangers.

Sur le plan multilatéral, il défend une économie humaniste, articulant performance et équité, innovation et inclusion, marché et solidarité. Sa diplomatie économique plaide pour un multilatéralisme de justice, fondé sur la régulation des entreprises mondiales, la fiscalité équitable et le partage des bénéfices du progrès.

Cette orientation s'est illustrée lors de la retraite du Conseil des droits de l'homme tenue à Dakar en 2019, alors que le Sénégal en assurait la présidence. Consacré aux droits de l'homme face aux inégalités et à la responsabilité sociale des entreprises, le Panel 3 de cette retraite a mis en évidence le rôle ambivalent des entreprises transnationales : même si les entités non étatiques contribuent au développement industriel et à la création d'emplois, leurs activités peuvent aussi aggraver les inégalités et entraver l'accès aux services sociaux de base.

Les discussions ont souligné la nécessité de combler les lacunes juridiques face aux violations commises par ces acteurs et d'élaborer un instrument international contraignant pour encadrer leurs activités.

Les participants ont également insisté sur :

– la responsabilité première des États dans la régulation et la supervision des entreprises ;

– l'importance d'intégrer la responsabilité sociale dans les chaînes de valeur mondiales ;

– le rôle des régimes fiscaux progressifs ;

– la nécessité d'une complémentarité des initiatives onusiennes existantes.

Le panel a enfin souligné le rôle du Conseil des droits de l'homme comme mécanisme de responsabilisation dans la mise en œuvre des ODD, notamment de l'ODD 10.

L'initiative prise par le Sénégal démontre le leadership de ce pays dans la réflexion globale sur les rapports entre économie et droits de l'homme, et souligne sa capacité à fédérer États, organisations internationales et société civile autour d'une vision de développement équitable et responsable.

Les inégalités croissantes et la puissance accrue des acteurs privés imposent de repenser les fondements du développement. Le multilatéralisme ne peut rester crédible que s'il parvient à lier économie, éthique et équité.

À ce propos, il convient de retenir que l'avenir des droits de l'homme reposera sur trois exigences indissociables :

– une économie mondiale équitable ;

– une responsabilité partagée des acteurs privés ;

– une solidarité durable entre les peuples et les générations.

Au-delà de la seule croissance, il s'agit d'affirmer une économie au service de l'humain, où la prospérité se mesure non par l'accumulation, mais par le partage, le respect de la dignité humaine et la durabilité. Cette vision ouvre la voie vers un humanisme économique, fondé sur la justice, l'équité et la responsabilité partagée comme leviers d'un développement durable et inclusif.

Cette ambition rejoint les paroles du Président Bassirou Diomaye Faye, prononcées devant la 80e Assemblée générale des Nations Unies, le 24 septembre 2025 :

« Face aux urgences et aux défis nombreux et complexes, nous ne sommes pas démunis. Le monde dispose des moyens nécessaires pour nourrir ceux qui ont faim, éduquer nos enfants, soigner les malades et faire taire les armes.

Le véritable obstacle n'est ni financier, ni technique, ni matériel ; il est dans l'absence de volonté politique pour faire du multilatéralisme un instrument de solidarité collective, de coopération plutôt que de confrontation, pour un avenir où la dignité humaine sera au cœur de nos décisions. »

Ces mots sont comme pour configurer une boussole morale pour notre temps : ils rappellent que la refondation du multilatéralisme, comme celle de l'économie mondiale, dépend avant tout d'un choix de volonté.

En conclusion de son discours prononcé à la tribune de la 80e session de l'Assemblée générale des Nations Unies, le Président de la République du Sénégal a appelé la communauté internationale à « faire du 80e anniversaire des Nations Unies non pas le constat d'un ordre épuisé, mais le point de départ d'un nouvel espoir ». Il a ainsi réaffirmé la vocation première de l'Organisation : bâtir un monde de paix, de justice et de solidarité, dans lequel les droits de l'homme demeurent à la fois le fondement et la finalité du progrès collectif.

CONCLUSION

Pour un multilatéralisme des droits de l'homme refondé et porteur d'espérance

Au fil des treize chapitres de cet ouvrage, une cartographie claire du multilatéralisme des droits de l'homme se dessine. À Genève comme à New York, où les débats s'inscrivent dans des cadres institutionnels et des dynamiques souvent distincts mais étroitement liés, l'analyse met en évidence trois constantes majeures :

– La permanence des fractures Nord-Sud, notamment sur les questions de développement, de mémoire, de souveraineté économique et de responsabilité historique ;

– La montée en puissance du Sud global, qui s'affirme désormais comme un acteur normatif porteur d'une diplomatie fondée sur des principes et sur les valeurs de solidarité et d'équité ;

– La centralité de la dignité humaine, qui demeure le socle intangible d'un ordre international fondé sur le droit, malgré la diversité des approches et des contextes culturels.

Ce parcours révèle aussi les tensions d'un système en mutation : la politisation croissante des débats, la prolifération des résolutions et le recours fréquent au vote, signes d'un consensus fragilisé, ainsi que de nouvelles divisions autour des valeurs, de la gouvernance numérique et de la protection des minorités.

Face à ces défis, le Conseil des droits de l'homme et la Troisième Commission de l'Assemblée générale demeurent les véritables laboratoires du multilatéralisme, où se testent, parfois dans la confrontation, les conditions d'un dialogue universel sur les droits et les libertés. L'étude comparée des travaux de Genève et de New York montre que le consensus ne se décrète pas : il se construit. La recherche d'un équilibre entre universalité et particularismes, entre principes et réalités, exige une pédagogie du dialogue et une éthique de la patience multilatérale ; en somme, une culture du compromis, seule capable de préserver la légitimité de l'ordre international fondé sur le droit.

Dans un contexte marqué par la complexification normative, la surpolitisation des débats et l'érosion de la confiance, cette démarche implique un véritable « retour aux fondamentaux » du multilatéralisme des droits de l'homme, à savoir :

– replacer la dignité humaine au centre ;

– réhabiliter le dialogue comme méthode et le consensus comme horizon ; et

– réaffirmer la vocation universelle des droits de l'homme, au-delà des clivages idéologiques et géopolitiques.

C'est à l'aune de ces exigences que doivent être envisagées les voies d'un renforcement du Conseil des droits de l'homme, tant dans ses méthodes de travail que dans son rôle au sein du système onusien. À la lumière des enseignements tirés de la présidence de cet organe en 2019, je suis d'avis qu'on peut relever que le Conseil fait aujourd'hui face à trois défis majeurs, alors qu'il a célébré vingt ans d'existence en mars 2026 :

– Un agenda surchargé, où la multiplication des résolutions et des dialogues interactifs dilue l'impact concret de ses travaux ;

– Une polarisation croissante, qui fragilise la confiance entre États et entrave la recherche du consensus ;

– Une exigence d'efficacité et de crédibilité, de plus en plus forte de la part des opinions publiques, des ONG et des victimes de violations.

Pour avoir un Conseil plus efficace et plus cohérent, j'estime qu'il est important de rationaliser les méthodes de travail et de renforcer la planification.

Le programme de travail gagnerait à être plus gérable, transparent et orienté vers les résultats. Un dialogue inclusif entre États, experts et membres de la société civile permettrait d'identifier des mesures d'efficacité à court et à long terme, tandis qu'une planification stratégique éviterait la dispersion des efforts et la redondance des débats.

Les États doivent œuvrer à l'existence d'une atmosphère de coopération au sein du Conseil. Les divergences d'approche sont légitimes, mais elles doivent s'exprimer dans un esprit de dialogue constructif, loin de la logique d'affrontement et de stigmatisation.

L'objectif n'est pas d'uniformiser les positions, mais de bâtir un consensus minimal autour de valeurs partagées : la dignité, la solidarité et la responsabilité collective[106].

Pour avoir un Conseil plus ouvert et plus inclusif, je pense qu'il convient de renforcer la participation de l'ensemble des acteurs, en particulier les ONG et les défenseurs des droits de l'homme, tout en veillant à prévenir la prolifération d'organisations instrumentalisées. La protection des acteurs de la société civile contre toute forme d'intimidation ou de représailles doit rester une priorité, de même que le maintien d'un dialogue régulier avec ces partenaires essentiels, véritables producteurs d'idées et incitateurs de vigilance démocratique. Les ONG, par leur engagement militant et leur énergie constructive, demeurent les témoins et les acteurs essentiels des débats. Leur rôle ne doit être ni affaibli, ni dévoyé.

---

[106] Cette approche s'inscrit dans la logique des résolutions successives sur le renforcement du multilatéralisme et du dialogue entre civilisations, notamment la résolution A/RES/76/254 du 24 décembre 2021 sur Le renforcement du rôle de l'Organisation des Nations Unies dans la promotion d'un ordre international démocratique et équitable, ainsi que la résolution A/RES/77/32 du 7 décembre 2022 sur Le dialogue entre civilisations et la promotion de la compréhension mutuelle. Ces textes rappellent que la coopé-ration et le respect du pluralisme des positions constituent des conditions essentielles à l'efficacité du multilatéralisme contemporain.

Pour avoir un Conseil mieux relié au reste du système onusien, il me semble essentiel de renforcer la coordination institutionnelle entre Genève et New York, notamment à travers des échanges réguliers entre le Conseil et la Troisième Commission.

Cette dynamique pourrait utilement être étendue, lorsque cela est jugé pertinent, au Conseil de sécurité[107]. Une meilleure articulation du pilier « droits de l'homme » avec ceux de la paix et du développement[108] renforcerait

---

[107] C'est dans cet esprit qu'en ma qualité de Président du Conseil des droits de l'homme en 2019, j'ai pris l'initiative d'organiser une rencontre informelle entre les membres du Conseil de sécurité et moi-même, afin de réfléchir aux moyens les plus efficaces de renforcer la coopération entre ces deux organes et de réduire ce que l'on désigne commu-nément comme le « fossé entre Genève et New York ». Par ailleurs, il existe un précédent utile : le recours, à plusieurs reprises, à la formule dite Arria, qui consiste à inviter à New York, à la demande d'un membre du Conseil de sécurité, des rapporteurs spéciaux de la Commission des droits de l'homme, puis du Conseil des droits de l'homme à Genève. Ces échanges informels permettent aux rapporteurs de dia-loguer directement avec les membres du Conseil de sécurité intéressés. Dans ce cadre, les rapporteurs chargés de pays spécifiques ou les rapporteurs thématiques dont les mandats présentent un lien direct avec l'agenda du Conseil de sécurité, constituent des interlocuteurs particulièrement pertinents.

[108] Voir notamment le Rapport du Secrétaire général sur le renforcement du système des Nations Unies dans le domaine des droits de l'homme (A/76/258, 30 juillet 2021), qui souligne la nécessité d'une coordination accrue entre Genève et New York afin d'assurer la cohérence du pilier « Droits de l'homme » avec ceux de la paix et de la sécurité et du développement. Cette orientation est également réaffirmée dans l'initiative « Our Common Agenda » (A/75/982, 5 août 2021), qui appelle à un système des

la cohérence d'ensemble de l'action onusienne. Parallèlement, la coopération avec les organisations régionales (Union africaine, Union européenne, Association des Nations de l'Asie du Sud-Est, Organisation de la Coopération islamique, entre autres) constitue un levier majeur pour contextualiser les normes universelles.

Enfin, le Conseil gagnerait à accroître la visibilité et l'impact de ses travaux sur le terrain, grâce à un suivi renforcé de ses recommandations et à la pleine mobilisation de l'Examen périodique universel (EPU) et des procédures spéciales.

L'EPU illustre le caractère préventif[109] et universel de la démarche du Conseil. En invitant chaque État à

Nations Unies plus intégré, cohérent et interconnecté entre les trois piliers de l'Organisation.

[109] L'EPU, par son caractère universel et cyclique, comporte une dimension préventive encore insuffisamment exploitée. Les recommandations formulées, et surtout la manière dont les États y répondent, peuvent déjà fournir des signaux utiles. L'acceptation d'une recommandation signifie que l'État veut améliorer une situation, mais le simple fait de la « noter » (ce qui signifie « rejeter » dans le jargon du CDH) peut, à l'inverse, révéler l'existence d'un problème sensible ou politiquement délicat. Dans les deux cas, ces positions constituent des indicateurs potentiels. Une analyse plus ciblée et qualitative de ces éléments pourrait nourrir des efforts de prévention en amont des crises. Toutefois, l'efficacité de cette approche est limitée par l'affaiblissement du caractère universel du processus (sortie d'un grand pays) et par l'inflation du nombre de recommandations, qui nuit à leur lisibilité et à leur exploitation stratégique, notamment dans une perspective de meilleure articulation entre

rendre compte périodiquement de sa situation nationale, il favorise une culture de transparence et d'amélioration continue.

Fondé sur la coopération plutôt que sur la sanction, ce mécanisme incite les États à préserver leur crédibilité internationale et à progresser par l'échange d'expériences.

Loin d'être un simple exercice procédural, il constitue un outil de diplomatie préventive : il anticipe les violations et renforce la capacité des États à honorer leurs engagements en matière de droits de l'homme.

En définitive, j'ai la conviction que le CDH doit rester un outil au service de l'humanité, fidèle à l'esprit de la Déclaration universelle des droits de l'homme (DUDH), ce texte fondateur qui appartient au patrimoine commun de l'humanité.

L'ambition du Conseil doit rester celle de préserver la dignité de chaque être humain, de garder foi dans la perfectibilité du multilatéralisme et de promouvoir une approche globale des droits de l'homme.

C'est dire que le Conseil doit demeurer un espace de dialogue interculturel, fondé sur le respect de la diversité et la quête commune de dignité.

En refusant toute logique d'imposition d'un modèle unique, le Conseil contribue à faire grandir l'humanité

Genève et les mécanismes politiques de prévention et de gestion des crises à New York.

dans son ensemble et à faire des Nations Unies « une noble expérience de coopération humaine[110] ».

Les solutions aux défis auxquels il fait face résident dans la coopération[111], la persuasion, le dialogue permanent et la solidarité agissante.

Au total, il est clair que, même s'il n'est pas parfait, le Conseil demeure le cadre le plus légitime pour conjuguer prévention, assistance technique, responsabilité et progrès collectif[112].

Dans ce processus, le Sénégal se distingue par sa constance et sa crédibilité : membre actif du Conseil des droits de l'homme, président du Comité pour l'exercice des droits inaliénables du peuple palestinien (CEIRPP), promoteur du droit au développement, défenseur du dialo-

---

[110] Voir : Nations Unies, Rapport du Secrétaire général, Dans un monde en mutation : un idéal en action, Rapport sur la réforme de l'Organisation des Nations Unies, A/51/950, 14 juillet 1997, Parag.1 ;

[111] Conformément à la résolution 65/281 de l'Assemblée générale, le statut du Conseil des droits de l'homme devait être réexaminé entre 2021 et 2026. Contrairement au premier examen de 2010-2011, expressément mandaté par la résolution 60/251 de l'Assemblée générale et conclu par la résolution 16/21 du Conseil, aucun mandat spécifique n'invite le Conseil à revoir son fonctionnement. Dans ce contexte, et afin d'anticiper la réflexion sur la revue à venir, j'avais initié en mars 2019, en ma qualité de Président du Conseil des droits de l'homme, une réunion informelle de l'ensemble des États membres consacrée aux modalités, au calendrier et aux enjeux possibles de l'exercice.

[112] Voir : Nations Unies, Résolution 60/251 de l'Assemblée générale du 15 mars 2006 instituant le Conseil des droits de l'homme, O.P 4-5.

gue interculturel et interreligieux, artisan de consensus entre blocs géopolitiques. La diplomatie de conviction qu'il mène ainsi, héritée d'une longue tradition d'engagement en faveur des droits de l'homme, témoigne d'un investissement durable en faveur de la promotion de ces droits par le dialogue.

À l'heure où s'ouvrent de nouveaux chantiers globaux, le système international des droits de l'homme est appelé à évoluer pour demeurer pertinent face aux transformations du monde. À cet égard, plusieurs dynamiques contemporaines appellent une attention particulière.

La première concerne les dynamiques électorales au sein des Nations Unies, qu'il s'agisse des élections aux organes politiques, notamment au Conseil des droits de l'homme, ou des processus de sélection des experts siégeant dans les organes conventionnels et des titulaires de mandats au titre des procédures spéciales. L'analyse des tendances de vote, des coalitions régionales, ainsi que des États élus ou écartés, à la lumière de leurs positions substantielles sur les débats relatifs aux droits de l'homme, constitue un excellent moyen de montrer les rapports de force normatifs qui sont à l'œuvre. Il en va de même pour la sélection des experts indépendants, parfois opérée à New York, parfois à Genève, selon des modalités et des critères qui demeurent partiellement opaques, en particulier pour les mandats relatifs à des droits dits sensibles ou controversés.

La deuxième dynamique structurante tient à l'impact des contraintes budgétaires sur les priorités effectives de l'Organisation. La crise de trésorerie, devenue une crise budgétaire structurelle, a conduit à une réduction significative des ressources allouées aux droits de l'homme, affectées de manière disproportionnée par rapport à d'autres secteurs de l'action onusienne. Alors même que l'ONU se réclame de trois piliers que sont la paix, le développement et les droits de l'homme, force est de constater que ce dernier pilier cité n'a jamais bénéficié d'un soutien financier à la mesure de son importance.

Dans un contexte de réductions transversales, ce déséquilibre se trouve accentué, fragilisant précisément le secteur chargé de promouvoir et de défendre les valeurs fondamentales, voire fondatrices, de l'Organisation.

Enfin, la question de la transmission intergénérationnelle des droits s'impose comme une problématique transversale majeure. Elle s'illustre notamment dans certaines décisions des organes conventionnels relatives aux droits des peuples autochtones ; mais elle traverse également les enjeux liés à l'environnement, à l'exploitation des ressources naturelles, au changement climatique et à la dette écologique. Trop souvent, les choix politiques et économiques contemporains tendent à reporter sur les générations futures le coût de déséquilibres non résolus, au lieu de rechercher des solutions équitables et durables, respectueuses du droit des peuples à disposer d'un avenir viable.

L'ouverture et la conduite réussie de ces chantiers appellent une réforme du multilatéralisme fondée sur la cohérence, la prévention, la coopération technique et le renforcement des capacités nationales. Elles requièrent surtout une vision partagée du bien commun mondial, dans laquelle la souveraineté des peuples se conjugue avec la solidarité des nations.

Le multilatéralisme des droits de l'homme est ainsi à un tournant : soit il se replie sur des logiques de blocs et d'exclusion, soit il s'élève vers une gouvernance de l'humanité, centrée sur la dignité, la justice et la fraternité. Loin d'être une utopie, cette ambition est un devoir collectif qu'on ne soulignera jamais assez. En effet, comme le rappelle la Déclaration universelle des droits de l'homme, « tous les êtres humains doivent agir les uns envers les autres dans un esprit de fraternité ».

Dans cet esprit, les paroles du Président de la République du Sénégal, S.EM. Bassirou Diomaye Faye, à la 80e Assemblée générale des Nations Unies résonnent comme un appel à la responsabilité et à l'espérance. En effet, le Chef de l'État a rappelé, à cette occasion, que « le véritable obstacle à la paix, à la justice et au développement n'est pas matériel mais politique et moral : la solution réside dans la volonté collective de faire du multilatéralisme un instrument de solidarité, de coopération et de dignité partagée ».

Ce message fait écho à celui qu'il a lancé à Séville, lors de la Quatrième Conférence internationale sur le financement du développement, où il appelait à « bâtir ensemble un modèle de développement fondé sur la solidarité, l'inclusion et la résilience ».

Ces interventions du Chef de l'État sénégalais traduisent la philosophie multilatérale de son pays, fondée sur une même conviction : un monde plus juste et plus pacifique est possible si l'humanité choisit de replacer les valeurs humaines au cœur des relations internationales. Elles confirment que, fidèle à sa vocation de pont entre continents et cultures, le Sénégal continuera ainsi de plaider pour un multilatéralisme des droits de l'homme refondé et porteur d'espérance, un multilatéralisme humaniste, inclusif et solidaire, un multilatéralisme dans lequel les droits de l'homme, la justice économique et la coopération mondiale convergent vers un même horizon de dignité universelle et de prospérité partagée.

BIBLIOGRAPHIE

Charte des Nations Unies. San Francisco, 1945.

Déclaration universelle des droits de l'homme. Nations Unies, 1948.

Pacte international relatif aux droits civils et politiques. Nations Unies, 1966.

Pacte international relatif aux droits économiques, sociaux et culturels. Nations Unies, 1966.

Charte africaine des droits de l'homme et des peuples. Organisation de l'Unité africaine, 1981.

Déclaration du Caire sur les droits de l'homme en Islam. Organisation de la Coopération islamique, 1990.

Déclaration sur le droit au développement. Résolution A/RES/41/128. Nations Unies, 4 décembre 1986.

« Transformer notre monde : le Programme de développement durable à l'horizon 2030 ». Résolution A/RES/70/1. Nations Unies, 2015.

Résolutions du Conseil des droits de l'homme. Nations Unies, 2006-2025.

Résolutions de la Troisième Commission de l'Assemblée générale. Nations Unies, 2006-2025.

Rapports du Secrétaire général sur le renforcement du système multilatéral des droits de l'homme. Nations Unies, New York (années diverses).

Alston, Philip, and Ryan Goodman. International Human Rights. 3rd ed. Oxford: Oxford University Press, 2013.

Baxi, Upendra. The Future of Human Rights. Oxford: Oxford University Press, 2012.

Charlesworth, Hilary, and Christine Chinkin. The Boundaries of International Law: A Feminist Analysis. Manchester: Manchester University Press, 2000.

DeNardis, Laura. The Global War for Internet Governance. New Haven: Yale University Press, 2014.

Donnelly, Jack. Universal Human Rights in Theory and Practice. 3rd ed. Ithaca, NY: Cornell University Press, 2013.

Eboe-Osuji, Chile. International Law and Sexual Violence in Armed Conflicts. Leiden: Martinus Nijhoff (Brill), 2012.

Falk, Richard. On Humane Governance: Toward a New Global Politics. Cambridge: Polity Press, 1995.

Floridi, Luciano. The Ethics of Information. Oxford: Oxford University Press, 2013.

Keohane, Robert O., and Joseph S. Nye, Jr. Power and Interdependence. 4th ed. Boston: Pearson, 2012.

Mbaye, Kéba. Les droits de l'homme en Afrique. Paris : Presses Universitaires de France, 1992.

Mbaye, Kéba. Le droit au développement comme un droit de l'homme. Paris: UNESCO, 1972.

Merry, Sally Engle. Human Rights and Gender Violence: Translating International Law into Local Justice. Chicago: University of Chicago Press, 2006.

Moyn, Samuel. The Last Utopia: Human Rights in History. Cambridge, MA: Belknap Press of Harvard University Press, 2010.

Mutua, Makau. Human Rights: A Political and Cultural Critique. Philadelphia: University of Pennsylvania Press, 2002.

Okafor, Obiora Chinedu. The African Human Rights System, Activist Forces, and International Institutions. New York: Cambridge University Press, 2007.

Peters, Anne. Beyond Human Rights: The Legal Status of the Individual in International Law. Cambridge: Cambridge University Press, 2016.

Ruggie, John Gerard. Just Business: Multinational Corporations and Human Rights. New York : W. W. Norton, 2013.

Senghor, Léopold Sédar. Liberté I : Négritude et Humanisme. Paris: Seuil, 1964.

Sen, Amartya. Development as Freedom. Oxford: Oxford University Press, 1999.

Steiner, Henry J., Philip Alston, and Ryan Goodman. International Human Rights in Context: Law, Politics, Morals. 4th ed. Oxford: Oxford University Press, 2018.

Viljoen, Frans. International Human Rights Law in Africa. 3rd ed. Oxford: Oxford University Press, 2020.

Wendt, Alexander. Social Theory of International Politics. Cambridge: Cambridge University Press, 1999.

Weiss, Thomas G., and Sam Daws, eds. The Oxford Handbook on the United Nations. 2nd ed. Oxford : Oxford University Press, 2018.

POSTFACE

L'Ambassadeur Coly SECK n'en est pas à son premier essai. Avec *La Voix du Sénégal à Genève*, publié en 2023, il révélait déjà une capacité à conjuguer rigueur diplomatique, sens de l'observation et qualité d'écriture.

Les Droits de l'homme : Réinventer le consensus prolonge et approfondit cette réflexion. Cet ouvrage confirme une maîtrise des mécanismes multilatéraux, mais également une capacité à restituer avec clarté les tensions, les équilibres et les dynamiques qui traversent aujourd'hui le système international des droits de l'homme.

Cette qualité d'analyse s'enracine dans une longue expérience diplomatique au sein des Nations Unies, acquise aussi bien à Genève qu'à New York.

Tout au long de l'ouvrage se déploie ainsi le regard d'un observateur attentif des deux principales scènes du multilatéralisme des droits de l'homme : Genève et New York. L'auteur montre avec finesse comment ces deux espaces, loin de s'opposer, se complètent : Genève comme lieu privilégié de l'élaboration normative et du dialogue technique ; New York comme centre politique où se construisent les compromis, les arbitrages et les équilibres diplomatiques.

L'une des forces majeures de cet ouvrage réside dans son attachement constant au caractère universel, indivisible et interdépendant des droits humains. L'auteur rappelle avec conviction que les libertés civiles et politiques, les droits économiques, sociaux et culturels, ainsi que le droit au développement, participent d'une même exigence de dignité humaine.

Cette réflexion accorde une place particulière à la question du développement, présentée ici non comme une problématique périphérique, mais comme une composante essentielle de la réalisation effective des droits humains. L'ouvrage souligne, à juste titre, que la dignité humaine demeure fragilisée lorsqu'elle est confrontée à la pauvreté, aux inégalités, à l'exclusion ou à l'absence d'accès équitable aux ressources et aux opportunités.

Ces questions occupent aujourd'hui une place centrale dans les débats internationaux, notamment au sein des États du Sud et des institutions africaines engagées dans la promotion des droits humains. Ce n'est d'ailleurs pas un hasard si la reconnaissance du droit au développement au sein des Nations Unies doit beaucoup à l'engagement du juge sénégalais Kéba Mbaye, figure majeure de la pensée juridique africaine et internationale.

L'ouvrage met également en lumière les divergences d'approche qui subsistent entre États quant aux priorités, aux modalités de mise en œuvre et à la portée des engagements internationaux relatifs aux droits humains. Il montre comment les débats contemporains restent traversés par des questions liées à l'histoire, aux inégalités structurelles et aux rapports de pouvoir au sein du système international.

Les débats internationaux autour de certaines situations nationales illustrent les difficultés persistantes à concilier universalité des principes, souveraineté des États, impératifs de paix, exigences de justice et réalités géopolitiques. L'ouvrage de Coly SECK restitue avec lucidité la complexité de ces équilibres et la difficulté permanente de construire des consensus durables dans un environnement international profondément fragmenté.

À cet égard, ce livre apporte une contribution importante à la réflexion contemporaine sur le multilatéralisme des droits de l'homme. Il éclaire avec précision les mécanismes institutionnels, les logiques diplomatiques ainsi que les tensions normatives, axiologiques et idéologiques qui structurent les débats entre Genève et New York, tout en rappelant que le dialogue et la recherche du compromis demeurent des conditions essentielles à la préservation de l'ordre multilatéral.

Par son expérience et sa profondeur d'analyse, Coly SECK propose ici une réflexion rigoureuse, équilibrée et engagée sur l'avenir du multilatéralisme des droits de l'homme à un moment où celui-ci fait face à des remises en question multiples, mais conserve, plus que jamais, sa pertinence et sa nécessité.

Cet ouvrage s'adresse aussi bien aux diplomates, universitaires, chercheurs, étudiants, responsables politiques, organisations de la société civile qu'à tous ceux qui considèrent que la défense de la dignité humaine constitue l'un des grands enjeux de notre temps.

Alioune Tine

Fondateur de Afrikajom Center
et ancien expert indépendant
des Nations unies

TABLE DES MATIÈRES

STRUCTURES ÉDITORIALES DU GROUPE L'HARMATTAN

L'HARMATTAN ITALIE
Via degli Artisti, 15
10124 Torino
harmattan.italia@gmail.com

L'HARMATTAN HONGRIE
Kossuth l. u. 14-16.
1053 Budapest
harmattan@harmattan.hu

L'HARMATTAN SÉNÉGAL
10 VDN SICAP AMITIE 3
BP 45034 Dakar-Fann
direction@senharmattan.com

L'HARMATTAN CAMEROUN
Tsinga/Derrière polyclinique FECAFOOT
BP 11486 Yaoundé
Jacques.koukam@harmattan.fr

L'HARMATTAN BURKINA FASO
Villa 281, secteur 23 623, rue 14.32
Ouagadougou
zagbie@outlook.fr

L'HARMATTAN GUINÉE
Almamya, rue KA 028 OKB Agency
BP 3470 Conakry
harmattanguinee@yahoo.fr

L'HARMATTAN RDC
185, avenue Nyangwe
Commune de Lingwala – Kinshasa
matangilamusadila@yahoo.fr

L'HARMATTAN CONGO
219, avenue Nelson Mandela
BP 2874 Brazzaville
deunovmikhael@gmail.com

L'HARMATTAN MALI
Immeuble Mgr Jean Marie Cissé
Aci Hamadallaye
BP 145 Bamako
syllaka@yahoo.fr

L'HARMATTAN TOGO
Djidjole – Maison Amela
face EPP BATOME
02 BP 20680 Lomé
didieramela11@gmail.com

L'HARMATTAN CÔTE D'IVOIRE
Résidence Karl – Cité des Arts
Abidjan-Cocody
03 BP 1588 Abidjan
harmattan.ivoire@gmail.com

L'HARMATTAN BÉNIN
Rue 604, (Immeuble à l'entrée
de la rue UCAO- Cite de Saint-Jean)
Cotonou
stepcorpus@gmail.com

NOS LIBRAIRIES EN FRANCE

LIBRAIRIE INTERNATIONALE
16, rue des Écoles
75005 Paris
librairie.internationale@harmattan.fr
01 40 46 79 11
www.librairieharmattan.com

LIBRAIRIE DES SAVOIRS
21, rue des Écoles
75005 Paris
librairie.sh@harmattan.fr
01 46 34 13 71
www.librairieharmattansh.com

www.ingramcontent.com/pod-product-compliance
Lightning Source LLC
LaVergne TN
LVHW050818061126
851857LV00012B/867
* 9 7 8 2 3 3 6 6 3 1 3 5 6 *